EL SUPERESPÍA CIENTÍFICO

EL SUPERESPÍA CIENTÍFICO

Descubre los secretos del espionaje:
cómo atrapar espías, descifrar códigos
y realizar investigaciones secretas

Jim Wiese
Ilustraciones: Ed Shems

LIMUSA · WILEY

Wiese, Jim
    El superespía científico : Descubre los secretos del espionaje, como atrapar espías, descifrar códigos y realizar investigaciones secretas =
Spy science : 40 secret-sleuthing, code-cracking, spy-catching activities
for kids / Jim Wiese. -- México : Limusa Wiley, 2012
136 p. : il. ; 24 x 19 cm.
ISBN: 978-968-18-5687-8
Rústica

1. Proyectos de ciencia - Literatura juvenil 2. Experimentos científicos –
Literatura juvenil 3. Ciencia - experimentos
I. Shems, Ed, il. II. Piña García, Rodolfo, tr.

Dewey: 507.'8 | 22 / W6511s   LC: JF1525.I6

TRADUCCIÓN AUTORIZADA DE LA EDICIÓN EN INGLÉS,
PUBLICADA POR JOHN WILEY & SONS, LTD., CON EL TÍTULO:
SPY SCIENCE
40 SECRET-SLEUTHING, CODE-CRACKING, SPY-CATCHING
ACTIVITIES FOR KIDS
© JOHN WILEY & SONS.
NUEVA YORK, CHICHESTER, BRISBANE, SINGAPUR Y TORONTO. NINGU-
NA PARTE DE ESTE LIBRO PODRÁ SER REPRODUCIDA DE NINGUNA FORMA
SIN LA AUTORIZACIÓN POR ESCRITO DE JOHN WILEY & SONS, INC.

© EDITORIAL LIMUSA, S.A. Y JOHN WILEY & SONS, (HK) LTD.

COLABORACIÓN EN LA TRADUCCIÓN:
RODOLFO PIÑA GARCÍA

LA PRESENTACIÓN Y DISPOSICIÓN EN CONJUNTO DE

EL SUPERESPÍA CIENTÍFICO
DESCUBRE LOS SECRETOS DEL ESPIONAJE: CÓMO ATRAPAR
ESPÍAS, DESCIFRAR CÓDIGOS Y REALIZAR INVESTIGACIONES
SECRETAS

© 2012, EDITORIAL LIMUSA, S.A. DE C.V.
GRUPO NORIEGA EDITORES
BALDERAS 95, MÉXICO, D.F.
C.P. 06040
☎ 5130 0700
🖷 5512 2903
✉ limusa@noriega.com.mx
www.noriega.com.mx

CANIEM NÚM. 121

HECHO EN MÉXICO
ISBN: 978-968-18-5687-8
8.1

LA EDICIÓN, COMPOSICIÓN, DISEÑO E IMPRESIÓN DE ESTA OBRA FUERON
REALIZADOS BAJO LA SUPERVISIÓN DE GRUPO NORIEGA EDITORES
BALDERAS 95, COL. CENTRO. MÉXICO, D.F. C.P. 06040
02944965031DICIEMBRE2011925DP9200IE

Para Bárbara
Mi vida se enriqueció porque te encontré.

Agradecimientos

Desde los viejos tiempos en que miraba el programa de televisión *El agente de C.I.P.O.L.* y leía libros como la serie de James Bond de Ian Fleming, siempre he disfrutado escabullirme de mi vida terrenal al excitante mundo de los espías y los agentes secretos. Para la investigación de este libro, el punto de partida fue mi interés desde niño en los artefactos que usan los agentes secretos. Recuerdo haber hecho mi primer periscopio cuando estaba en tercer año. Más recientemente, el personal de Spy vs. Spy, la tienda para espías en Vancouver, fue de gran utilidad. Me recibieron en su tienda, me mostraron el equipo de vigilancia más actualizado, y comentaron conmigo la forma en que estos artículos podrían convertirse en proyectos para el libro.

Como siempre, mi agradecimiento especial a Kate Bradford y Kara Raezer de John Wiley & Sons, Inc. Fue increíble el gran apoyo que proporcionaron durante el desarrollo de este libro. Contribuyeron a encauzar y conformar mi propuesta inicial, y aportaron sugerencias y correcciones durante todo el proyecto. La excelente corrección del manuscrito por parte de Jude Patterson también contribuyó a convertir esto en un libro muy bien terminado del cual me siento orgulloso. ¡Gracias de nuevo!

Contenido

Introducción

Los espías y el espionaje son fascinantes. Pero el espionaje en la vida real es un trabajo peligroso. Los espías participan en complicadas misiones para obtener información secreta, hacer contacto con otros espías y transmitir mensajes secretos. Para evitar ser atrapados, y para conseguir la información que necesitan, los buenos espías deben aprender las habilidades y técnicas del oficio del espionaje.

Quizá te sorprenda saber que la ciencia con frecuencia ayuda a los espías a hacer su trabajo. Los espías utilizan todo tipo de aparatos científicos y técnicos para obtener información. Pero la herramienta principal que usan es su cerebro. Los espías combinan conocimientos científicos básicos con el pensamiento creativo que los pone en ventaja.

Este libro te permitirá investigar los trucos del oficio del espionaje, construir equipo especial para espías y descubrir los secretos sobre la manera en que los espías utilizan la ciencia para realizar su trabajo.

Cómo usar este libro

Cada capítulo contiene varios proyectos y experimentos emocionantes, y cada proyecto presenta una lista de los materiales que necesitarás y el procedimiento que deberás seguir. Algunos de los proyectos tienen una sección titulada "¡Continúa la diversión!", la cual te permite probar diferentes variaciones de la actividad original. Otra sección, titulada "Ciencia del espía en acción", te muestra la manera en que los principios científicos que aprendiste al realizar la actividad se aplicaron en la realidad. Las palabras en **negritas** se definen en el texto y en el glosario al final del libro.

La mayor parte del equipo que necesitas para las actividades podrás encontrarlo en casa y en las tiendas de abarrotes, de electrónica, farmacias y ferreterías de tu vecindario. No necesitas equipo costoso para realizar las actividades. Sólo requieres una mente abierta que se plantee preguntas y que busque las respuestas. Después de todo, la base de cualquier investigación adecuada es formular buenas preguntas y encontrar las mejores respuestas.

9

Cómo realizar las actividades

- Lee las instrucciones completas y consigue todo el equipo que necesitarás, antes de empezar la actividad.

- Lleva un cuaderno de notas. Anota lo que haces durante tu proyecto y lo que ocurre.

- Sigue atentamente las instrucciones. *No intentes realizar solo los pasos que requieren la ayuda de un adulto.*

- Si tu proyecto no funciona correctamente la primera vez, repítelo o intenta hacerlo de una manera ligeramente diferente. En la vida real, los experimentos no siempre funcionan a la perfección la primera vez.

Unas palabras de advertencia

Asegúrate de solicitar la ayuda de un adulto cuando así lo requiera la actividad. No olvides obtener el permiso de un adulto para utilizar artículos domésticos, ni recoger el equipo en cuanto termines. Los buenos científicos son cuidadosos y evitan los accidentes.

Recuerda, el espionaje en la vida real puede ser peligroso. Efectúa las actividades únicamente con personas que conozcas y en sitios seguros.

Disfraces geniales

Cómo ocultar tu identidad de espía

Espiar, o **espionaje**, significa observar de cerca y en secreto. El trabajo principal de un espía es reunir información secreta. Si a un espía le paga la organización de espionaje de su país, llamada **agencia de inteligencia**, entonces el espía es un empleado del gobierno llamado **agente**. Un agente, llamado también agente secreto, puede encargarse de desenmascarar a un espía del enemigo. También puede ser enviado en una misión de espionaje para obtener información.

Cuando una agencia de inteligencia envía a un agente en una misión secreta, el agente suele adoptar una **identidad falsa o encubierta**, un disfraz para proteger su propia identidad y sus motivos. De un espía que usa una identidad falsa se dice que está **encubierto**. Un espía encubierto puede ser un **topo**, una persona que trabaja en una organización enemiga por un periodo prolongado antes de que empiece a reunir información secreta. Un espía también puede ser un **agente doble**, una persona que espía para ambos bandos.

Sin importar cuál sea la misión de un espía, la ciencia desempeña un papel importante para que la tarea se lleve a cabo. Realiza las actividades siguientes para aprender más acerca de la ciencia del espionaje y cómo interviene en la formación de un agente secreto.

Proyecto 1

Disfraces

Un espía encubierto con frecuencia usa un disfraz. Realiza la actividad siguiente para hacer tu propio disfraz.

MATERIALES

espejo de cuerpo entero

peluca

lentes oscuros

peine o cepillo

varias prendas viejas (playera, pantalones, sombrero, etc.)

1 Mírate en el espejo. ¿En qué forma tu apariencia te hace especial? ¿Qué puedes hacer para cambiar tu apariencia utilizando los materiales que tienes?

2 Ponte la peluca. ¿En qué forma afecta a tu apariencia cambiar el color del cabello o el peinado?

3 Ponte los lentes oscuros. ¿Qué efecto tienen sobre tu apariencia?

4 Quítate la peluca, después usa el peine o el cepillo para modificar tu peinado. Si normalmente usas el cabello hacia adelante, péinalo o cepíllalo para atrás. Hazte la raya en otro lugar. ¿Cómo afectan estos cambios a tu apariencia?

5 Párate tan derecho como puedas. Después, deja caer los hombros hacia adelante; esto hará que parezcas más bajo.

6 Ponte prendas holgadas, y después prendas entalladas. ¿Cómo cambian tu apariencia?

7 Ponte prendas con rayas verticales (de arriba a abajo), después prendas con rayas horizontales (de lado a lado). ¿Qué efecto tienen las rayas?

8 Ponte prendas dobles. ¿Cómo cambian tu apariencia?

Con el permiso de un adulto, invita a tus amigos a una fiesta de disfraces. Pide a cada invitado que asista a la fiesta disfrazado como otra persona. Tus invitados no sólo deben vestir como sus personajes, sino que también tienen que comportarse como ellos. Deberán investigar los antecedentes de sus personajes. Por ejemplo, si un amigo llega disfrazado de profesor de química, deberá saber qué hace un profesor de química y de qué platicaría un profesor de química.

EXPLICACIÓN

Hay muchas maneras de modificar tu apariencia. En esta actividad exploraste diferentes formas de disfrazar tu edad, altura, peso y otras características. Las prendas encimadas y las prendas holgadas te hacen ver más gordo. Las rayas verticales te hacen parecer más alto, en tanto que las rayas horizontales te hacen parecer más ancho. Una peluca cambia el color de tu cabello y tu peinado, y unos lentes oscuros grandes ocultan parte de tu rostro.

Cuando dejas caer los hombros hacia adelante, pareces más bajo. Cuando se le pregunte posteriormente al observador, podría decir que eres varios centímetros más bajo de lo que realmente eres. Esto se debe a que cuando vemos por primera vez a una persona, retenemos una primera impresión de esa persona. Por ejemplo, si ves a un hombre caminando encorvado, podrías pensar que es viejo porque has visto a otras personas mayores caminar encorvadas. Tus recuerdos y pensamientos acerca de la forma en que camina la gente mayor te forma un prejuicio. Un **prejuicio** es una opinión o juicio que puede corresponder o no con los hechos. Un prejuicio puede hacer difícil cambiar una primera impresión.

Como los espías, los científicos conocen la importancia de evitar los prejuicios. Si los científicos permiten que sus opiniones e ideas personales afecten la manera en que ven los resultados de un experimento, esos prejuicios pueden ocasionar que lleguen a conclusiones falsas. Los científicos, como los espías, siempre deben mantener una mente abierta y estar preparados para encontrarse con información inesperada.

Lia de Beaumont quizá haya tenido uno de los disfraces más exitosos en la historia del espionaje. Cuando fue presentada en la corte rusa del siglo XVIII, la emperatriz Elizabeth se prendó a tal punto de la tímida y dulce Lia que la nombró dama de honor. La emperatriz jamás sospechó que bajo el amplio vestido, el maquillaje y la peluca se encontraba Charles-Geneviève-Louis-Auguste-André-Timothée d'Éon de Beaumont, un espía francés.

Los espías utilizan muchos y diferentes disfraces e identidades falsas para proteger su verdadera identidad. Quizá la identidad más inocente fue la adoptada por el inglés Robert Baden-Powell. Antes de la Primera Guerra Mundial, viajó por el Imperio Austro-Húngaro haciéndose pasar por un **lepidopterólogo**, científico que estudia las mariposas. Ocupaba su tiempo no sólo cazando mariposas, sino también explorando y dibujando instalaciones militares. A Baden-Powell se le recuerda por algo más que su trabajo como espía. Fundó la asociación de *Boy Scouts*.

Leyendas

Proyecto 2

Para adoptar una identidad falsa, los espías no sólo deben cambiar su apariencia. Tienen que representar realmente al personaje. Esto llega a ser parte de la **leyenda** de un espía, la historia que apoya la identidad que eligió. Realiza la actividad siguiente para aprender técnicas a fin de hacerte pasar por otra persona.

MATERIALES

tijeras

varias hojas de papel

lápiz

varios ayudantes

1 Corta cada hoja de papel a la mitad dos veces.

2 En varios de estos pedazos de papel, escribe un adjetivo que describa una emoción en particular, como "enojado", "contento", "triste" o "aburrido".

3 Reúne en un círculo a tus ayudantes. Coloca las piezas de papel boca abajo en el centro del círculo.

4 Pide a una persona que seleccione un papel y que mire la palabra escrita en él sin dejar que nadie más la vea.

5 Pide a tu ayudante que actúe la palabra sin hablar, mientras los demás intentan adivinar qué palabra es.

6 Después de identificar correctamente la palabra, deja que otra persona tome su turno. Continúa hasta que todos hayan participado.

¡CONTINÚA LA DIVERSIÓN!

Prueba escribir otras categorías de palabras en los pedazos de papel sobrantes. Por ejemplo, en lugar de adjetivos que describan emociones, escribe ocupaciones, como "oficial de policía", "médico", "profesor" o "carpintero". ¿Estas palabras son más fáciles o más difíciles de representar?

EXPLICACIÓN

En el intercambio de información, o **comunicación**, no interviene únicamente el habla. Las expresiones faciales y el lenguaje corporal revelan tanto sobre quiénes somos como lo que decimos. Los **científicos de la conducta**, aquellos que estudian la forma en que se comportan las personas en circunstancias determinadas, han descubierto que el lenguaje corporal puede llegar a ser incluso más importante que el habla. Por ejemplo, si una persona está gritando y agitando los brazos y, no obstante, dice que no está enojada, sus acciones dirán más que sus palabras. Probablemente pensarás que está enojada, a pesar de lo que diga.

Los actores han aprendido a conseguir que sus acciones refuercen sus palabras de tal modo que los espectadores puedan tanto ver como sentir lo que están diciendo los actores. Los buenos agentes secretos emplean las mismas técnicas. Cuando adoptan una identidad falsa, como la de un oficial de policía, se aseguran de que sus acciones sean similares a la forma en que se comportaría un oficial de policía de verdad.

Hay dos partes en la identidad de cualquier agente secreto. La cubierta es el disfraz que adopta. Esto incluye su apariencia física y el trabajo que toma. La segunda parte, su leyenda, es la historia de su vida personal que apoya la cubierta. Parte de su leyenda puede ser verdadera o puede ser ficticia en su totalidad. Sin embargo, la leyenda debe corresponder con el disfraz y el agente secreto debe tener conocimientos suficientes de su disfraz y leyenda para que sean creíbles. Un agente por lo general evitará las profesiones en las que no tenga preparación. Por ejemplo, si dice que es médico, quizá se le pida que realice una intervención quirúrgica.

Lafayette Baker fue un espía que creó una identidad falsa interesante, pero que no prestó atención suficiente a su leyenda. Durante la Guerra Civil de Estados Unidos se hizo pasar por fotógrafo itinerante. Se movía entre las unidades militares de los confederados, recogiendo información para el ejército de la Unión.

Finalmente, los confederados descubrieron y arrestaron a Baker. ¿Cómo supieron que era un espía? Empezaron a sospechar porque su trabajo era tomar fotografías pero nunca mostraba alguna. No podía; su cámara estaba descompuesta. Con un poco más de atención a los detalles, hubiera podido seguir espiando sin ser detectado por largo tiempo.

James Rivington y Robert Townsend fueron excelentes espías que supieron cómo mantener sus identidades falsas. Durante la Guerra de Independencia de Estados Unidos, se hicieron socios en una cafetería de Nueva York. Ambos hombres actuaban como si fueran leales al rey, y a menudo hablaban de los cobardes actos que cometían los insurrectos. En realidad, ambos hombres eran agentes secretos que trabajaban para el general George Washington, agentes tan secretos que ninguno de los dos sabía que el otro era un espía.

Proyecto

3 Códigos secretos y contraseñas

Los agentes secretos emplean códigos secretos y contraseñas para identificarse cuando actúan encubiertos. Pero las personas comunes también usan códigos y contraseñas diariamente. Intenta la siguiente actividad para ver cómo se usan.

hoja de papel

lápiz

varios ayudantes adultos

P R O C E D I M I E N T O

1   Pide a tus ayudantes adultos que anoten los sitios donde utilizan códigos secretos o contraseñas, pero no los códigos o contraseñas. Por ejemplo, podrían usar códigos secretos para tener acceso a sus cuentas bancarias en los cajeros automáticos o podrían usar contraseñas para entrar en sistemas de computadoras.

2   Intenta adivinar los códigos o contraseñas. ¿Puedes descubrirlos haciendo conjeturas?

La mayoría de las personas escogen códigos o contraseñas que les resulten fáciles de recordar. Las personas suelen elegir como contraseña el nombre de un amigo o familiar, o incluso el de su equipo deportivo favorito. Los bancos por lo general requieren que las personas escojan un código numérico para usarlo cuando quieran tener acceso a sus cuentas bancarias en un cajero automático. Para este número, las personas suelen seleccionar la fecha de su nacimiento o la de un familiar.

Aun cuando estas palabras y números son fáciles de recordar, también son fáciles de descubrir. Si eliges un número fácil de recordar, deberás incluir también un número o letra inusual. Por ejemplo, si tu fecha de nacimiento es el 11 de julio de 1912 (es la de mi papá), en lugar de usar el número 110712 para el código, usa 1107T2. La *T* en medio del número lo hace más difícil de descubrir.

ESPÍAS EN ACCIÓN

El escritor Graham Green sirvió como espía en las costas africanas durante la Segunda Guerra Mundial. Su trabajo consistía en vigilar una importante ruta marítima, una trayectoria en el océano por la que navegan generalmente los barcos, e informar de cualquier actividad de submarinos alemanes que viera. Por lo general, firmaba los informes con su nombre en código numérico, *59200*. Sin embargo, también firmó algunos informes usando los nombres de varios personajes de novelas clásicas.

2 Trucos del oficio

Domina las habilidades y técnicas del espía

El propósito de una misión de espionaje, llamada **operación**, es descubrir información. Durante una operación, un espía puede necesitar acceso a información secreta acerca de una organización enemiga, o podría tener que seguir a una persona sospechosa de espionaje. En cierto modo, una operación de espionaje puede ser como una investigación científica. Los científicos llevan a cabo experimentos para descubrir información nueva e importante. Los espías en una misión realizan muchas de las mismas actividades que los científicos hacen cuando llevan a cabo experimentos: observan, comparan, utilizan números, predicen, interpretan datos y establecen **inferencias**, o conclusiones. Los espías también aplican muchas habilidades y técnicas basadas en principios científicos. Realiza las actividades de este capítulo para aprender algunos de los trucos importantes del espionaje.

Proyecto 1

Piensa rápido

Una de las características esenciales que tienen todos los espías es su habilidad para pensar con los pies sobre la Tierra, para usar su creatividad e inteligencia a fin de obtener la información que necesitan o para escapar de situaciones comprometidas. Realiza la siguiente actividad para poner a prueba tu creatividad.

MATERIALES

gancho de alambre para colgar ropa

reloj

PROCEDIMIENTO

1 Mira el gancho durante 2 minutos, pensando en tantas ideas como puedas de en qué podría convertirse el gancho.

2 Después de pensar en todas las posibilidades, usa el gancho para hacer uno de los objetos en los que pensaste. Puedes doblar el gancho, pero no agregar otros objetos.

¡CONTINÚA LA DIVERSIÓN!

Repite la actividad, usando cinco o seis objetos comunes juntos. Por ejemplo, usa varios sujetapapeles (*clips*), una liga, un pedazo de madera, algunas tachuelas, un carrete de hilo y algunas tarjetas para fichas de 7.5 por 12.5 cm (3 × 5 pulg) para ver qué cosas puedes hacer.

E X P L I C A C I Ó N

Puedes hacer muchas cosas diferentes con el gancho o con los objetos de la actividad **Más cosas divertidas por hacer**. Por ejemplo, el gancho podría doblarse para convertirse en un atril para libros, un rascador de espaldas o incluso una obra artística. Los objetos de **Más cosas divertidas por hacer** podrían usarse para construir un molino de viento o un vehículo.

Esta actividad muestra la manera en que puedes usar tu propia creatividad e imaginación para convertir objetos ordinarios en otra cosa. Cuando aplicas creatividad e imaginación para resolver un problema, estás usando el **pensamiento creativo**. El pensamiento creativo es una habilidad importante de los espías, científicos y, en realidad, de casi cualquier persona en el mundo. Es una habilidad que puede mejorarse realizando actividades simples como éstas. Como agente secreto, esta clase de pensamiento puede sacarte de muchas situaciones difíciles.

ESPÍAS EN ACCIÓN

Es probable que a Giovanni Giacomo Casanova se le recuerde más como un gran conquistador de mujeres. Pero en 1757, durante la Guerra de los Siete Años entre Gran Bretaña y Francia, fue espía para los franceses. Su misión era **infiltrarse** (entrar para fines secretos) en la flota inglesa en Dunquerque e informar de su fuerza.

Su método fue muy simple. Ya en Dunquerque, Casanova comía en los restaurantes a los que acudían los capitanes de la flota inglesa. Entablaba conversación con ellos acerca de barcos, fingiendo haber estado alguna vez en la marina, y los entretenía con relatos de sus romances. En menos de una semana, varios capitanes lo habían invitado a comer en sus barcos, y con frecuencia le pedían que se quedara al terminar. En dos semanas, Casanova había aprendido todo lo que había que saber de la flota, además de haber comido muy bien.

Intriga en Internet

Existen muchas maneras de conseguir información. Con la popularidad creciente de las computadoras e Internet, los agentes secretos pueden obtener cada vez más información sin siquiera salir de casa. Si tienes una computadora en casa o en la escuela con conexión a Internet, realiza la siguiente actividad para ver qué información puedes encontrar.

MATERIALES

computadora

módem y *software* para conectarse a Internet

ayudante adulto

PROCEDIMIENTO

NOTA: Consigue permiso de un adulto para usar la computadora. Después, que el adulto te ayude en esta actividad si no estás familiarizado con el uso de la computadora.

1 Usa el servidor local para conectar tu computadora a Internet.

2 Usa un navegador (*browser*) como Netscape, Mosaic o Telnet para tener acceso a la World Wide Web.

3 Busca información en una de las páginas. Varias agencias de inteligencia del gobierno de los Estados Unidos tienen páginas que pueden consultarse con facilidad usando navegadores. Algunas de ellas se mencionan a continuación:

a. United States Intelligence Community
http://www.odci.gov/ic/

b. Central Intelligence Agency
http://www.odci.gov/cia/

c. Defense Intelligence Agency
http://www.odci.gov/ic/usic/dia.html

d. The White House
http://www.whitehouse.gov

4 Si tienes un programa de búsqueda Net, como Lycos, Infoseek o WebCrawler, úsalo para buscar palabras clave, como *espionaje* o *espías*. ¿Qué tal si también buscas las palabras en inglés? Inténtalo con *spies* o *espionage*.

¡CONTINÚA LA DIVERSIÓN!

Intenta navegar en la Red para encontrar otras agencias de inteligencia. ¿Puedes encontrar agencias de países extranjeros?

EXPLICACIÓN

Internet es una red interconectada (*inter*connected *net*work) que enlaza computadoras de todo el mundo a través de líneas telefónicas. Una computadora doméstica utiliza un módem conectado a la línea telefónica y *software* especial para obtener acceso a Internet. Un **módem** es un dispositivo que convierte los mensajes y comandos de la pantalla de tu computadora en datos electrónicos que pueden viajar a través de líneas telefónicas a otras computadoras. Cuando los datos llegan a su destino, otro módem conectado a una computadora invierte el proceso y convierte los datos de nuevo en un mensaje que aparece en la pantalla de esa computadora. Tu mensaje se recibe en la misma forma que como aparecía en tu pantalla.

El acceso a Internet se hace por lo general a través de un servidor local. Un **servidor** es una computadora grande, operada por una compañía llamada "proveedor", que hace posible que las computadoras domésticas se conecten a Internet. Después que se conecta a la Red, la computadora doméstica utiliza un programa especial llamado **navegador** (*browser*) para buscar información en la World Wide Web. La **World Wide Web** es una colección de documentos en Internet que contiene información proporcionada por agencias gubernamentales, negocios e instituciones educativas del mundo entero. A la primera página de un documento de la Red se le llama **home page** (página de entrada), o sitio de la Red.

Un navegador funciona como el fichero de una biblioteca. Buscará una palabra clave en toda la Red y te dirá a dónde ir por la información. Con millones de páginas de entrada y otros destinos en la World Wide Web, el navegador actúa como un mapa de carreteras, guiándote al destino correcto. Con una guía como ésta, puedes obtener información prácticamente de cualquier lugar del mundo.

Tesoros en la basura

Los agentes secretos tienen muchos recursos de alta tecnología para obtener información acerca de una persona. Pero con frecuencia también obtienen información valiosa de la basura. Realiza la siguiente actividad para ver cómo se hace.

MATERIALES

guantes de hule

varias hojas de periódico

bote de basura lleno de basura

lápiz

hoja de papel

ATENCIÓN: No uses un bote de basura que contenga desperdicios de comida.

PROCEDIMIENTO

1 Ponte los guantes de hule y extiende el periódico en el piso.

2 Saca la basura del bote y colócala sobre el periódico.

3 Separa la basura en montones de artículos similares. Por ejemplo, podrías formar un montón de papeles y cartas, un montón de recipientes (como latas de refresco y vasos desechables térmicos) y un montón de artículos diversos.

4 Anota los artículos que hay en cada montón. Enseguida de cada artículo, anota qué te dice acerca de la persona que usó el bote de basura. Por ejemplo, el vaso térmico vacío de una cafetería podría sugerir que tu profesor visitó esa cafetería y que le gusta el café. La dirección del remitente en un sobre dirigido a tu mamá te dice que ella conoce a alguien que vive en cierta dirección en otra ciudad. ¿Qué otras cosas te dice la basura?

¡CONTINÚA LA DIVERSIÓN!

Pide permiso y examina los botes de basura de las recámaras de varias personas. ¿Puedes relacionar los botes de basura con las personas a las que pertenecen? ¿Con qué precisión describe este tipo de información a las personas?

E X P L I C A C I Ó N

Lo creas o no, examinar la basura es un procedimiento que aplican tanto las agencias de inteligencia como la policía. Los artículos que desecha una persona con frecuencia proporcionan indicios importantes acerca de la misma. Estos indicios pueden servir como base de una **hipótesis** (una conjetura razonada o teoría) que puede probarse con investigaciones adicionales.

Este tipo de trabajo es similar al trabajo de un arqueólogo. Un **arqueólogo** es un científico que se entera de las culturas del pasado estudiando sus vestigios. Los desperdicios son fuente de diversas **reliquias,** objetos que fueron usados por personas en el pasado. Una moneda o una vasija pueden revelar mucho acerca de las personas que vivieron en una región determinada. Por ejemplo, una moneda puede tener una fecha grabada que relacione una ciudad antigua con la época en que fue habitada. Las palabras grabadas en la moneda revelan el sistema de escritura de la sociedad. Una vasija puede tener imágenes que indiquen cómo eran y vestían las personas. A partir de la información proporcionada por las reliquias, los arqueólogos también pueden establecer hipótesis acerca de la manera en que vivían las personas en el pasado. Estas hipótesis pueden probarse o descartarse más tarde por el descubrimiento de otras reliquias.

Mikhail Gorin era un ruso que laboraba en los Estados Unidos en 1938. Su trabajo era organizar excursiones en el país para turistas rusos. Pero la basura encontrada en sus bolsillos reveló que era un espía. Gorin envió a limpiar su traje a una tintorería. Un empleado de la tintorería revisó los bolsillos del traje antes de limpiarlo y encontró un billete de 50 dólares. El empleado estaba a punto de telefonear a Gorin para decirle del billete, cuando descubrió varios papeles arrugados. Los papeles contenían notas respecto a espías japoneses en la costa occidental. El empleado llamó a la Oficina Federal de Investigación (FBI, por sus siglas en inglés) y Gorin fue arrestado.

ESPÍAS EN ACCIÓN

Proyecto 4

Cómo abrir cartas

Un espía requiere muchas formas de obtener información sin ser descubierto. Un espía podría querer leer una carta dirigida a otra persona sin que ésta se enterara. Realiza la siguiente actividad para utilizar una manera científica de abrir sobres.

M A T E R I A L E S

lápiz

hoja de papel

sobre

tetera llena de agua

estufa (sólo la usará un adulto)

guante de cocina

tenazas

reloj

ayudante adulto

NOTA: Esta actividad requiere la ayuda de un adulto.

1 Escribe un mensaje en la hoja de papel, después métela en el sobre y ciérralo.

2 Pide a un adulto que ponga la tetera en la estufa, que la caliente hasta que hierva el agua y que después la ponga a media flama.

3 Con el guante de cocina puesto, toma las tenazas.

4 Bajo la supervisión de un adulto, usa las tenazas para sostener el sobre. Coloca con cuidado la solapa sellada del sobre enfrente del vapor que sale del pico de la tetera. Mantenlo ahí durante 30 segundos.

5 Después de 30 segundos, retira el sobre e intenta abrir la solapa. Si no puedes abrirla, vuelve a poner el sobre en el vapor y espera otros 30 segundos. Continúa con este proceso hasta que puedas abrir el sobre y leer el mensaje.

Repite el procedimiento, sólo que esta vez después de que cierres el sobre, coloca un pedazo de cinta adhesiva transparente sobre la solapa. Ahora intenta abrir el sobre con la cinta adhesiva utilizando vapor.

EXPLICACIÓN

El pegamento de la solapa del sobre está hecho de una sustancia química que es **soluble en agua**, lo que significa que se **disuelve**, o que se hace líquido, en agua. Cuando humedeces con la lengua la solapa del sobre, el pegamento se disuelve, formando un líquido viscoso. Después de que cierras el sobre, el agua se **evapora** (cambia de líquido a gas), haciendo que el pegamento cambie de líquido viscoso a sólido de nuevo. El pegamento se endurece y sella la solapa del sobre, por lo que la carta permanece cerrada.

Cuando hierves el agua, ésta cambia rápidamente de líquido a gas. Al estado gaseoso del agua se le llama **vapor de agua**. Es invisible. Sin embargo, el vapor de agua se **condensa** (cambia de gas a líquido) cuando se enfría, formando minúsculas gotitas de agua llamadas **vapor**.

Cuando colocas el sobre en el vapor de la tetera hirviendo, el vapor hace que el pegamento se disuelva de nuevo y se haga viscoso. Entonces puedes abrir la solapa del sobre y leer la carta. Después de que has leído la carta, puedes regresarla al sobre, volver a cerrarlo y enviarlo a su destinatario. No hay huellas de que el sobre se haya abierto.

La cinta adhesiva transparente es la mejor protección que se conoce contra la apertura de cartas. El pegamento de la cinta transparente no es soluble en agua. Hasta la fecha, no se ha encontrado la manera de quitar la cinta del sobre y volverla a colocar sin dejar marcas delatadoras.

Cómo seguir de cerca a alguien

Con frecuencia un agente tiene que seguir de cerca a una persona o "convertirse en su sombra" para obtener información. Esto le revela a un agente los hábitos y rutinas diarias de la persona. Aun cuando esto pueda parecer trivial a primera vista, con frecuencia conduce posteriormente a información más valiosa. Realiza la siguiente actividad para probar tu habilidad para seguir a alguien.

MATERIALES

cuaderno

pluma o lápiz

reloj

varios ayudantes

PROCEDIMIENTO

1 Reúne a varios ayudantes. Infórmales que en algún momento de la semana siguiente vas a seguir a uno de ellos como parte de tu experimento (al decirles que vas a seguirlos, tu tarea se hace más difícil pero evitará situaciones embarazosas).

ATENCIÓN: Sigue a la persona en la escuela o en otro lugar seguro, como en una fiesta. Nunca andes por ahí solo.

2 Escoge un día y selecciona a la persona que vas a seguir durante 1 hora. Usa el cuaderno para tomar notas de sus actividades y de cualquier persona con la que se encuentre. Registra la hora en todas las notas que tomes.

3 Cuando termines de seguir a la persona, revisa tus notas. ¿Hay alguna actividad que te haya sorprendido? ¿Podrías decir qué ocurrió exactamente durante cada encuentro con otra persona? ¿La persona descubrió que la seguías?

 ¡CONTINÚA LA DIVERSIÓN!

Los agentes rara vez siguen a un sospechoso solos. Por lo general trabajan en equipo para no despertar sospechas en el sospechoso. Un segundo, un tercero o incluso un cuarto agente, suele continuar el seguimiento donde el agente anterior lo suspende. Emplea un equipo para seguir a uno de tus ayudantes.

Es difícil seguir a una persona sin ser descubierto. Si la persona que es seguida se encuentra a la misma persona, en especial un extraño, una y otra vez, no le parecerá natural. El cerebro de la persona es alertado de que ocurre algo fuera de lo común. Se volverá más cauteloso e intentará ver si en realidad alguien lo está siguiendo. Por esta razón los agentes siguen a las personas en equipo. Un agente seguirá al sospechoso por poco tiempo, después un segundo, un tercero o incluso un cuarto agente, continuará con el seguimiento. La persona a la que se sigue no ve a la misma persona, por lo que su cerebro no es alertado de que algo fuera de lo común está sucediendo.

Seguir de cerca a un sospechoso es una forma de vigilancia. **Vigilancia** es la observación detenida que se mantiene sobre alguien o algo. Los agentes secretos practican la vigilancia por varias razones. Los agentes pueden observar el hogar o el lugar de trabajo de una persona a fin de obtener información, o incluso para sorprender a la persona espiando. O pueden seguir a una persona para recabar información acerca de sus hábitos, su rutina diaria, las personas con quienes se pone en contacto, su lugar de trabajo, la dirección de su casa o el tipo de transporte que utiliza.

Un agente secreto puede usar la información obtenida al seguir a alguien para formular una hipótesis o teoría acerca de esa persona, tal como un científico utiliza información para formular una hipótesis acerca de un experimento. Por ejemplo, un agente podría observar a un empleado de la oficina presidencial que se reúne con una mujer y le pasa algunos papeles a la misma hora todos los días. El agente podría establecer la hipótesis de que el empleado está espiando al presidente y que los papeles contienen información secreta que reúne y pasa cada día.

La verdad puede ser que el empleado se está reuniendo con su novia y que le pasa notas amorosas. O podría estar pasando información que es muy valiosa para países extranjeros, como puntos de un plan que el presidente está considerando para detener una guerra o los detalles de un tratado que se está negociando. El agente continuará sus investigaciones para determinar cuál de las hipótesis es la correcta, del mismo modo que un científico probará una hipótesis por medio de la experimentación.

Elaboración de mapas

Sea que un espía se encuentre en casa o en territorio extranjero, debe saber su localización exacta. Las habilidades para elaborar mapas son de suma importancia para un agente secreto. Finge que tu escuela o tu casa es una organización secreta, y haz un mapa de ella.

MATERIALES

cinta métrica

hoja de papel

lápiz

PROCEDIMIENTO

1 Saca la cinta métrica y ponla en el piso con los números hacia arriba.

2 Coloca el dedo gordo de tu pie derecho en la marca del cero de la cinta, y da un paso con el pie izquierdo. Registra la distancia que hay del dedo gordo de tu pie derecho al dedo gordo del pie izquierdo. Ésta es la longitud de uno de tus pasos.

3 Empieza tu mapa haciendo un dibujo del exterior de tu escuela o casa. ¿Es un cuadrado, un rectángulo o tiene otra forma?

4 Cuenta y anota cuántos pasos das para recorrer la distancia de cada lado de la construcción.

5 Multiplica el número de pasos de cada lado de la construcción por la longitud de tu paso para determinar la longitud. Anota las mediciones en tu mapa.

Mapa de la escuela

18.3m (60pies)

gimnasio

15.25m (50pies)

36.6m (120 pies)

30.5m (100 pies)

jardín de niños

salón de primer año

salón de música

biblioteca

21.35m (70pies)

dirección

salón de segundo año

salón de cuarto año

salón de música

taller de artes plásticas

oficina del director

salón de tercer año

salón de quinto año

laboratorio de ciencias

?

48.8m (160 pies)

6 Traza el interior de la construcción. ¿Cuántos salones hay? ¿Sabes para qué se usa cada salón? Anota la información en tu mapa (si hay puertas cerradas con llave en la escuela, trata de averiguar para qué se usan los salones).

7 Cuando hayas concluido, observa el mapa terminado. ¿Qué tan preciso es? ¿Pudiste obtener toda la información que necesitabas?

La elaboración de mapas es una habilidad que ponen en práctica tanto agentes secretos como científicos. Ambos pueden necesitar registrar información acerca de un área en particular y de lo que ahí encontraron. Quizá el agente secreto necesite hacer un mapa del área donde se guarda información importante.

La elaboración de mapas es una habilidad básica en **geografía**, la rama de las ciencias que estudia la superficie de la Tierra. Los geógrafos hacen mapas de diferentes áreas. En sus mapas, incluyen la localización de montañas, ríos, carreteras y ciudades. El mapa que tus padres usarían en unas vacaciones de verano a Veracruz lo hizo un geógrafo. Con el mapa, tus padres pueden encontrar la ruta de tu casa a Boca del Río y volver de nuevo a casa.

También otros científicos usan mapas. Un **científico ambiental** (un científico que estudia las interacciones de los seres vivos y el mundo) puede estudiar el número de animales que viven en determinada parte del bosque, para ver si un desarrollo urbano próximo está afectando las áreas donde se alimentan los animales o sus rutas de tránsito. En un mapa del área, el científico marcará la localización de todos los animales que vea. Después el científico comparará el mapa con otros mapas similares elaborados varios años atrás, a fin de observar cualquier cambio que pudiera haber ocurrido. Al elaborar mapas precisos de un área y registrar observaciones, tanto el agente secreto como el científico obtienen y archivan información importante.

Brújula hechiza

Proyecto 7

Eres un espía que huye, y los agentes enemigos te pisan los talones. Sabes que tu punto de reunión es al norte, pero no tienes brújula. ¿Qué camino tomas? Realiza la siguiente actividad y aprende la manera de encontrar el norte sin brújula.

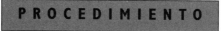
reloj de manecillas (un reloj digital no funciona)

palillo

PROCEDIMIENTO

NOTA: Esta actividad debe realizarse afuera en un día con sol.

1 Parado en un sitio donde haya sol, sostén el reloj con la carátula hacia arriba en la palma de tu mano.

2 Con la otra mano, sostén el palillo en el centro del reloj, de tal modo que proyecte una sombra sobre la carátula del reloj.

3 Gira el reloj para que la sombra del palillo caiga en la manecilla de las horas del reloj.

4 Imagina una línea que vaya del centro del reloj y que pase por la mitad de la distancia entre la manecilla de las horas y el número 12. Por ejemplo, si la manecilla de las horas está exactamente en el 10, como sería el caso a las 10 en punto, la línea imaginaria estaría a la mitad entre el 10 y el 12, o sea en el 11.

5 Localiza la dirección norte mirando de frente en la dirección de la línea imaginaria.

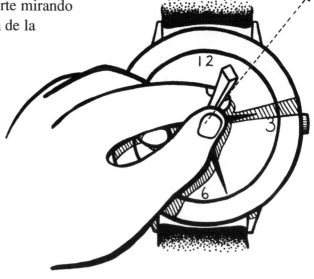

¡CONTINÚA LA DIVERSIÓN!

Intenta pensar en otras maneras en las que podrías orientarte sin brújula. ¿De qué otra forma podrías encontrar el norte? ¿Y si viajas de noche?

EXPLICACIÓN

Durante las 24 horas que constituyen un día (y una noche), la Tierra realiza una **rotación** (giro) completa sobre su eje. Aun cuando es en realidad la Tierra la que se mueve, desde nuestro punto de vista en la Tierra, el sol parece moverse en el cielo. Cada día, el sol sale por el este y se pone por el oeste. Si clavas una estaca en el suelo en un día con sol, observas cómo se mueve la sombra y marcas la localización de la sombra cada hora, el resultado sería un reloj de sol simple. Podrías usar el reloj de sol para saber la hora el día siguiente mirando la localización de la sombra y comparándola con las marcas del día anterior. Este mismo principio básico explica cómo puedes usar un reloj para encontrar el norte.

Todos los días, el sol se encuentra en la misma dirección general en el cielo a mediodía. Si vives en el **hemisferio norte** (la mitad de la Tierra entre el ecuador y el polo norte), a mediodía el sol se encuentra sobre tu cabeza, pero también ligeramente al sur de ti. Una sombra proyectada sobre tu reloj a mediodía apunta en la dirección opuesta del sol, que es el norte.

Durante el mismo periodo de 24 horas en que la Tierra realiza una rotación completa, la manecilla de las horas de tu reloj realiza dos rotaciones completas, una para las horas A.M. y una para las horas P.M. Marca las 12:00 dos veces, una durante el día y de nuevo a medianoche. Esto significa que la manecilla de las horas de tu reloj se mueve sobre la carátula con una velocidad que es el doble de la velocidad con que el sol viaja por el cielo. Debes encontrar la línea imaginaria entre la sombra que está sobre la manecilla de las horas y el 12 para encontrar la dirección norte.

Copias de llaves

Eres un espía que trabaja encubierto. Has ideado la manera de obtener la llave de una habitación cerrada, pero debes regresarla en muy poco tiempo. Quieres hacer una copia rápida de la llave para poder explorar la habitación en un momento posterior. ¿Qué puedes hacer? Intenta la siguiente actividad para ver cómo puede hacerse.

MATERIALES

pliego de cartoncillo negro

4 piedras

llave

reloj

PROCEDIMIENTO

NOTA: Esta actividad debe realizarse afuera en un día con sol.

1 Coloca el cartoncillo en un área abierta con luz solar intensa. Coloca una piedra en cada esquina del cartoncillo para que el viento no se la vaya a llevar.

2 Coloca la llave en el centro del cartoncillo.

3 Deja el proyecto en el sol durante un mínimo de 4 horas.

4 Retira la llave y observa el cartoncillo. ¿Qué ves?

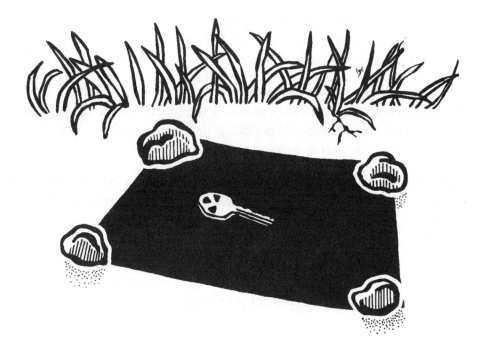

EXPLICACIÓN

El papel se fabrica con **fibras** de madera (delgadas estructuras filiformes que dan rigidez a las plantas leñosas) comprimidas. El cartoncillo obtiene su color de diferentes tintes. Cuando se fabrica el cartoncillo, partículas de tinte disueltas en agua se **enlazan** (se unen por una fuerza de atracción) a las fibras del papel en una reacción química. Una **reacción química** es un cambio en la materia en el que las sustancias se descomponen para formar nuevas sustancias. Una reacción química diferente ocurre cuando la luz solar llega al papel, y ocasiona que el cartoncillo se decolore o pierda su color.

Cualquier papel de color se decolorará con el tiempo si se expone a la luz solar. Quizá lo hayas notado en el periódico mural de tu escuela. Las áreas que han estado cubiertas por los artículos del periódico tienen un color más oscuro que las áreas circundantes cuando se quitan los artículos.

Los papeles de color se decoloran todavía más rápido bajo la luz solar directa. El cartoncillo negro en particular se decolora muy rápido, ya que contiene el mayor número de tintes. La llave, o cualquier otro objeto, bloquea el sol e impide que el área bajo ella se decolore. Después de poco tiempo, el resto del papel se decolora, dejando una impresión exacta de la llave en el cartoncillo. Tienes entonces un retrato de la llave. Un espía experimentado podría hacer una copia de la llave y regresar más tarde a la habitación cerrada.

Proyecto 9

Mira el pajarito

Es posible que un agente secreto necesite tomar fotografías durante su misión. ¿Cómo puede el agente tomar una fotografía sin ser descubierto? Realiza la siguiente actividad para aprender un método especial del espía.

MATERIALES

sección de un periódico, doblada a la mitad

tijeras

cámara

ayudante

NOTA: Consigue el permiso de un adulto antes de usar la cámara.

1. Desdobla la sección del periódico. Recorta un agujero en la parte central de la mitad superior de la sección, por todas las páginas. El agujero deberá ser lo suficientemente grande para que la lente de la cámara quepa en él.

2. Coloca la cámara dentro del periódico de tal modo que la lente se asome por el agujero.

3. Vuelve a doblar el periódico con la cámara dentro.

4. Practica apuntar la cámara, colocando la mano en el interior del periódico para oprimir el obturador y tomar la fotografía.

5. Después de que hayas practicado, toma una fotografía a tu ayudante sin que se dé cuenta.

¡CONTINÚA LA DIVERSIÓN!

¿De qué otras maneras puedes ocultar una cámara para tomar una fotografía sin ser detectado?

EXPLICACIÓN

Un periódico es un buen sitio para ocultar una cámara, ya que es un objeto común. Un agente secreto podría ocultar su cámara dentro del periódico sin despertar sospechas al caminar cerca de una fábrica de armamento. Con la cámara oculta, podría tomar fotografías sin que nadie lo notara.

La **fotografía** es el proceso de producir imágenes de objetos sobre una superficie especial, llamada película. Una cámara **enfoca** (concentra) la cantidad correcta de luz de un objeto en sustancias químicas llamadas sales de plata que están sobre la superficie de la película. Cuando la luz llega a la superficie de la película, ocurre una reacción química. Esta reacción cambia a negro las sales de plata, creando así una imagen negativa del objeto. El negativo se pone más tarde en una solución fijadora, que disuelve las sales de plata no afectadas de la película y detiene cualquier reacción posterior con la luz. En un negativo se ve lo contrario que en la vida real, ya que las áreas iluminadas aparecen oscuras y las áreas oscuras aparecen iluminadas.

Después se hace una fotografía con el negativo. Se hace pasar luz a través del negativo y de una ampliadora. Entonces una imagen **ampliada** del negativo se proyecta sobre una hoja de papel de impresión especial que también es sensible a la luz, y se produce una fotografía. La fotografía se ve como la realidad porque las áreas oscuras del negativo se vuelven iluminadas y las áreas iluminadas del negativo se vuelven oscuras.

Escondites

Con frecuencia se requieren varios días, e incluso meses, para que un agente secreto obtenga toda la información que pudiera necesitar. Quizá tenga que conservar la información hasta su siguiente reunión. ¿Qué deberá hacer con la información? Realiza la siguiente actividad, y ve qué tan bueno eres para esconder información.

MATERIALES

libro de bolsillo en edición rústica

ayudante

PROCEDIMIENTO

1   Muestra el libro a tu ayudante. Dile que vas a esconder el libro en algún lugar de la habitación.

2   Pide a tu ayudante que salga de la habitación. Luego, esconde el libro.

3   Pide a tu ayudante que regrese a la habitación y busque el libro hasta que lo encuentre. Si tu ayudante tiene dificultades, puedes darle indicios, como "caliente" cuando se acerque al libro, y "frío" cuando se aleje de él.

4   Después de que tu ayudante haya encontrado el libro, pídele que esconda el libro y trata de encontrarlo.

 ¡CONTINÚA LA DIVERSIÓN!

Prueba esconder otros objetos, como un pedazo de papel o una fotografía. ¿Son fáciles de esconder estos objetos? ¿Dónde están los mejores escondites?

Hay muchas maneras de esconder un objeto. Un libro es bastante grande y puede encontrarse con facilidad. Si el objeto es pequeño, suele ser más difícil encontrarlo. Algunos objetos pueden ocultarse a plena vista. Por ejemplo, un pedazo de papel puede esconderse en un libro, ya que las páginas del libro también son de papel. Si la información oculta está en una página del mismo tamaño y tipo que las páginas del libro, entonces es doblemente difícil encontrarla. Pero sé cuidadoso si pones el libro en un librero: el mensaje escondido puede ocultarse para siempre.

¡Te atrapé!

Proyecto 11

Eres un espía que trabaja encubierto en una ciudad extranjera. Empiezas a sospechar que te están siguiendo y que tu apartamento pronto será registrado. ¿Qué haces? ¿Cómo sabrás si alguien entró en tu habitación cuando estuviste fuera? Realiza la siguiente actividad para averiguarlo.

MATERIALES

palillo

PROCEDIMIENTO

1 Al salir de tu cuarto, sostén el palillo entre la puerta y el marco cuando cierres la puerta, de tal modo que parte del palillo sobresalga entre la puerta y el marco.

2 Cierra bien la puerta y rompe la parte del palillo que sobresale. Coloca el pedazo de palillo que rompiste en tu bolsillo. El trozo que permanece en la puerta es tu sistema de alarma "¡Te atrapé!".

3 Vete. Si el palillo no está en su lugar cuando vuelvas, sabrás que alguien entró en tu cuarto.

¡CONTINÚA LA DIVERSIÓN!

Reta a alguien a que intente entrar en tu cuarto en secreto sin que lo descubras mientras tú estás fuera. Con tu sistema de alarma "¡Te atrapé!" deberás poder decir si alguien entra.

Si alguien que no seas tú entra en tu cuarto, el palillo caerá al piso. Alguien que entre podría no notarlo, pero cuando vuelvas, enseguida verás que el palillo ya no está atorado en la puerta. Incluso si la persona nota el palillo en el piso, no podrá reemplazarlo con uno diferente sin que tú te des cuenta. El extremo roto del nuevo palillo no coincidirá con el que tú tienes.

Los palillos están hechos de **fibras** de madera de diferentes longitudes que se acomodan al azar. Cuando rompes el palillo, las fibras se separan. Puesto que ningún par de palillos tienen fibras que sean idénticas en longitud y disposición, todos los palillos se romperán de manera diferente. Aun cuando lo intentaras, no podrías hacer roturas idénticas en dos palillos. El extremo de un palillo roto es único y coincide perfectamente con el extremo de la otra mitad.

Situación de pelos

Proyecto 12

Existen otras formas que los espías conocen para saber si otras personas han registrado sus habitaciones. Los investigadores revisan por rutina los libros. Los libros pueden contener mensajes secretos intercalados entre las páginas. Realiza la siguiente actividad para aprender una forma de saber si alguien ha estado revisando tus libros.

libro

cabello humano

1 Abre el libro en una página específica, una que puedas recordar.

2 Coloca el cabello en el centro de la página de tal modo que la punta del cabello sobresalga del borde de las páginas.

3 Cierra con cuidado el libro, de tal modo que no se mueva el cabello. Coloca el libro sobre una mesa o escritorio de tu cuarto. Sal del cuarto, con la certeza de que podrás saber si alguien ha revisado tus libros.

¡CONTINÚA LA DIVERSIÓN!

El polvo es otro material que puede usarse para detectar intrusos. Con el permiso de un adulto, sacude dos borradores de pizarrón sobre tu escritorio o cómoda. Esto dejará una fina capa de polvo que mostraría cualquier alteración hecha por alguien que registrara tu cuarto y su contenido.

EXPLICACIÓN

Un cabello humano es muy ligero. Hasta la brisa más leve puede hacer que se mueva. Cualquiera que abra el libro moverá el cabello. Es muy improbable que alguien que revisara tus libros notara siquiera el cabello. En caso de que lo notara, tendría serios problemas para volver a ponerlo exactamente como estaba. Los espías con frecuencia adoptan una forma característica de colocar el cabello, que es su marca personalizada.

El polvo también puede revelar cuándo se ha tocado algo. En una superficie con polvo se descubren con claridad ligeras alteraciones. Una vez que la superficie con polvo se ha alterado, es muy difícil volver a poner el polvo. Los agentes secretos usan gis hecho polvo, del color de la superficie donde se esparce, para verificar si algo ha sido tocado o movido. Si eres un agente que investiga a un espía y sabes que utiliza el método de detección del gis de color, la única manera de cubrir tus huellas es sacudiendo el área completa y aplicando una nueva capa de la misma clase de gis.

3 Artefactos mágicos

Construye herramientas y dispositivos de espionaje

En muchas operaciones de espionaje se utilizan aparatos o dispositivos que ayudan a obtener información. Los espías tienen artefactos especiales que les permiten observar a otras personas sin ser vistos y dispositivos que les permiten escuchar conversaciones en otros cuartos. Los espías usan "**bichos**", pero no de la clase que vive en nuestro jardín, sino diminutos dispositivos de grabación que pueden ocultarse casi en cualquier parte y pueden **transmitir**, o enviar, conversaciones a cientos de metros. Los espías pueden usar lentes de visión nocturna que les permiten ver con claridad en la oscuridad, o modificadores digitales de la voz que se colocan sobre la bocina de un teléfono para distorsionar la voz del espía.

Todos los dispositivos que usan los espías, desde los más elementales hasta los de alta tecnología, utilizan la ciencia para poder obtener la información que se necesita. Realiza las actividades de este capítulo para descubrir y hacer tus propios objetos de espionaje.

Proyecto 1

Cómo ver a la vuelta de la esquina

Es difícil espiar a alguien sin ser visto. Los agentes secretos utilizan dispositivos que les permiten ocultarse detrás de objetos, como edificios o árboles, y aun así poder observar a alguien. Construye un dispositivo llamado periscopio para ver sin ser visto.

MATERIALES

tijeras

dos envases de cartón de 1 litro de leche (vacíos y limpios)

cinta adhesiva transparente

regla

transportador

lápiz

2 espejos cuadrados pequeños de al menos 7.5 centímetros (3 pulgadas) por lado (en muchas vidrierías pueden cortalos a la medida)

1 Recorta la parte superior y el fondo de los envases de leche.

2 Pega con cinta adhesiva los dos envases extremo con extremo para que formen un tubo largo.

3 Coloca el tubo parado en una mesa. Recorta una abertura cuadrada de 5 centímetros (2 pulgadas) por lado en uno de los lados del extremo del tubo. Recorta otra abertura igual en el lado opuesto del otro extremo, como se muestra.

4 Con el transportador, mide ángulos de 45 grados en los lados adyacentes a cada cuadrado. Para hacerlo, coloca el centro del transportador en la esquina de uno de los extremos del tubo, junto al lado con la abertura cuadrada. Con el lápiz haz una marca a 45 grados en el tubo. Usa la regla para trazar una línea de la esquina del tubo a la marca. Haz lo mismo en la esquina que está junto a la otra abertura cuadrada.

5 Recorta dos ranuras de 0.3 × 7.5 centímetros (1/8 × 3 pulgadas) sobre las marcas a 45 grados.

6 Inserta los espejos en las ranuras. Las caras brillantes deben quedar frente a frente. Ya tienes un periscopio.

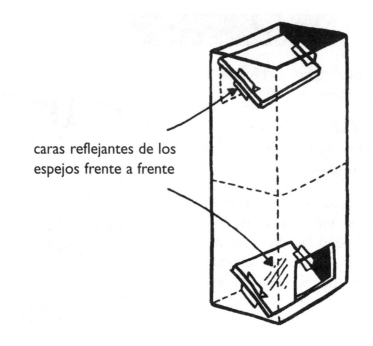

caras reflejantes de los
espejos frente a frente

7 Sostén derecho el tubo y mira por una de las aberturas cuadradas. Deberás poder ver sobre la cabeza de las personas o cosas que son más altas que tú. Si sostienes el periscopio acostado, podrás ver a la vuelta de la esquina.

¡CONTINÚA LA DIVERSIÓN!

Haz tu periscopio **camuflado** (enmascarado) para que no se vea con facilidad. Si vas a espiar desde unos arbustos, pega hojas en el periscopio con cinta adhesiva o pegamento. Si planeas espiar detrás de un edificio, usa crayones o plumones para hacer el periscopio del mismo color del edificio.

Un **periscopio** es un instrumento con espejos que te permite ver a la vuelta de la esquina y arriba de tu cabeza. Los espejos reflejan la luz, que es una forma de energía que viaja en línea recta. Cuando la luz llega a un espejo plano, se **refleja** (rebota) en el espejo en un ángulo igual al ángulo en que llegó.

El periscopio funciona con dos espejos planos. La imagen que tú ves se refleja de un espejo al otro en un ángulo igual, y luego se refleja del segundo espejo y llega al cristalino de tu ojo. El **cristalino** es la parte del ojo que enfoca la luz en un punto dentro del globo del ojo. La imagen que resulta se llama **imagen de punto retinal**. Así puedes ver una imagen clara de objetos que están fuera de tu campo visual.

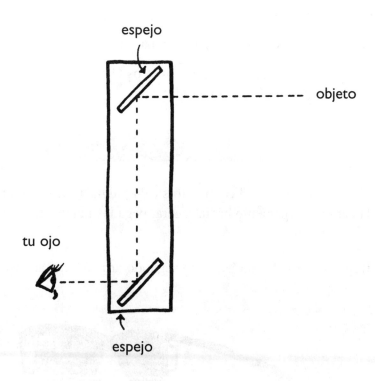

Cómo ver detrás de ti

Estás espiando a alguien y quieres observarlo sin despertar sospechas. Los agentes secretos usan varios dispositivos que los ayudan. Realiza la siguiente actividad para construir uno de los artefactos que utilizan.

MATERIALES

regla

cinta adhesiva (*masking tape*)

lentes oscuros (los lentes grandes funcionan mejor)

2 espejos pequeños de 2.5 × 1.25 centímetros (1 × 1/2 pulgadas); en muchas vidrierías pueden cortarlos a la medida)

PROCEDIMIENTO

1 Corta un trozo de 1.8 centímetros (3/4 pulgada) de cinta adhesiva. Con la cara del pegamento hacia afuera, pega las puntas de la cinta para hacer un aro.

2 Repite el paso 1 para hacer un segundo aro de cinta adhesiva.

3 Coloca los aros de cinta en cada uno de los bordes exteriores del interior de los lentes oscuros como se muestra.

4 Pega los espejos en la cinta.

5 Ponte los lentes oscuros. Al mirar los espejos deberás poder ver detrás de ti.

EXPLICACIÓN

Como en el periscopio donde utilizas espejos para poder ver sobre tu cabeza y a la vuelta de la esquina, en los lentes oscuros se utilizan espejos que te permiten ver detrás de ti. Los espejos funcionan reflejando la luz. Los espejos a los lados de los lentes oscuros reflejan la luz de los objetos que están detrás de ti. La luz se refleja del espejo plano en un ángulo igual al ángulo en que llegó. La luz llega al cristalino de tu ojo y se enfoca en el interior del globo del ojo como una imagen clara. Así puedes ver los objetos que están detrás de ti.

Proyecto

3

Cómo ver todo

Has visto la forma en que los espías pueden ver a la vuelta de la esquina, arriba de sus cabezas y detrás de ellos, pero ¿también pueden ver a través de las paredes? Realiza la siguiente actividad para investigar una manera en la que los agentes secretos pueden mejorar su visión de espías.

MATERIALES

tijeras

regla

pliego de cartoncillo negro

canica de cristal transparente de al menos 1.25 centímetros (1/2 pulgada) de **diámetro** (la longitud de una línea que pasa por el centro de un círculo)

1 Corta el pliego de cartoncillo en un rectángulo de 22 por 14 centímetros ($8^{1}/_{2} \times 5^{1}/_{2}$ pulgadas).

2 Enrolla el cartoncillo en un tubo de 14 centímetros ($5^{1}/_{2}$ pulgadas) de largo, y con la misma **circunferencia** (la distancia alrededor de un círculo) que la canica.

3 Párate enfrente de una ventana y mira hacia afuera por el tubo. ¿Qué tanto del mundo fuera de tu ventana puedes ver?

4 Coloca la canica en uno de los extremos del tubo de tal modo que la mitad de la canica esté en el tubo y la mitad sobresalga del extremo como se muestra. Es posible que tengas que ajustar el tubo de cartoncillo para que la canica se mantenga fija en su lugar.

5 Mira por la ventana a través del extremo vacío del tubo. ¿Qué tanto del mundo fuera de tu ventana puedes ver ahora? ¿Cómo se ve?

¡CONTINÚA LA DIVERSIÓN!

Repite la actividad con canicas de diferentes tamaños. ¿Cambia la imagen del área que ves?

Cuando miras por la ventana a través del tubo de cartoncillo vacío, sólo puedes ver un pedacito del mundo exterior. Cuando colocas la canica en el extremo del tubo, de pronto puedes ver más, mucho más. Esto se debe a que la canica actúa como una lente. Una **lente** es una pieza curva de cristal u otra sustancia transparente que **refracta** (cambia de dirección) y enfoca los rayos de luz que pasan a través de ella.

Los rayos de luz del objeto que estás viendo pasan a través de la lente. Los rayos de luz que pasan por la parte superior e inferior de la lente se refractan más que los que pasan por la parte media de la lente. Los rayos de luz confluyen en un punto llamado el **foco** de la lente. Los rayos de luz continúan más allá del foco, pero la imagen que tú ves está **invertida** (de cabeza) porque los rayos de luz de la parte superior del objeto están ahora en la parte inferior de la imagen.

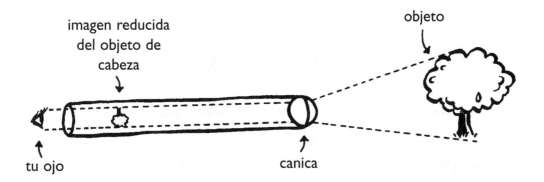

Este mismo principio se utiliza en las mirillas, que son pequeños agujeros en las puertas de los apartamentos y de algunas casas, que permiten a las personas que están dentro ver hacia afuera . En el interior de la mirilla hay una lente de cristal que refracta la luz de los objetos que están enfrente de la puerta. La lente de cristal te permite ver más de lo que podrías mirar a través de un agujero simple en la puerta.

Los agentes secretos usan dispositivos similares que los ayudan a ver a través de las paredes. Si quieren espiar a las personas de la habitación contigua, taladran un agujero muy pequeño en la pared que separa las habitaciones. El agujero no es más grande que el grafito de un lápiz, y por lo general las personas de la habitación no lo notarán. Los agentes insertan en el agujero un tubo pequeño con una lente. La lente desempeña la misma función que la canica en el tubo de cartoncillo, y permite a los agentes ver todo lo que está ocurriendo en la habitación. Voltean la imagen añadiendo una segunda lente que invierte nuevamente la imagen. A menudo, los agentes conectan la lente a una cámara de video para poder grabar en una videograbadora lo que está ocurriendo.

Proyecto 4

Cómo ver más grande un objeto

Los espías suelen utilizar lentes de aumento en su trabajo. Quizá necesiten ver mensajes secretos escritos en letra muy pequeña (ve el capítulo 4, proyecto 4, "Secretitos"). ¿Cómo puede un espía hacer una lente de aumento en una emergencia? Realiza la siguiente actividad para saberlo.

MATERIALES

pieza cuadrada de papel encerado de 10 centímetros (4 pulgadas) por lado

hoja de periódico con letra pequeña

vaso común

agua de la llave

gotero

PROCEDIMIENTO

1 Coloca el cuadrado de papel encerado encima del periódico. Observa el periódico a través del papel encerado.

2 Llena la mitad del vaso con agua.

3 Usa el gotero para colocar una gotita de agua en el papel encerado.

4 Observa el periódico a través de la gota de agua. ¿La escritura que está abajo de la gota se ve más grande o más pequeña que las letras que están alrededor de la gota?

¡CONTINÚA LA DIVERSIÓN!

Haz gotas más pequeñas y más grandes. ¿El tamaño de la gota afecta el tamaño de la escritura que ves?

La gota de agua adopta una forma redondeada sobre el papel encerado debido a la tensión superficial del agua. La **tensión superficial** es la fuerza de atracción entre las partículas de agua que crea una delgada película sobre la superficie del agua. Esta forma redondeada de la gota de agua tiene la misma forma que una **lente convexa**, que es una lente que está curvada como la cara exterior de una pelota (una **lente cóncava** está curvada como la parte interior de un tazón). Cuando la luz de un objeto pasa a través de una lente convexa, la imagen del objeto se **amplía**.

Entre más pequeña sea la gota de agua, más curvada será su forma y ampliará más una imagen. Entre más grande sea la gota de agua, menos curvada será y ampliará menos. El peso de la gota de agua más grande hace que se aplane y pierda su curvatura. Con una gota de agua más grande puedes ver más letras, pero están menos ampliadas que con una gota más pequeña.

Una lupa de vidrio funciona como una gota de agua, pero es más fácil de usar. Una lupa es una lente convexa que hace que los objetos que amplía parezcan más grandes de lo que en realidad son.

Proyecto
5

Escuchar a hurtadillas

Estás espiando a dos personas en la habitación contigua. Están discutiendo su siguiente operación, pero no alcanzas a escuchar lo que están diciendo. Realiza la actividad siguiente para hacer un artefacto que te permita escuchar a través de las puertas.

MATERIALES

cinta métrica

vaso de cristal

2 ayudantes

1 Reúnete con tus ayudantes en una habitación de tu casa. Diles que vas a intentar escuchar lo que están diciendo desde la habitación contigua. Pídeles que conversen en un tono de voz normal, ni más alto ni más bajo que lo usual.

2 Pide a tus ayudantes que se paren separados entre sí 2 metros (2 yardas), de frente a la puerta. Sal de la habitación y cierra la puerta.

3 Escucha la conversación. ¿Qué escuchas?

4 Coloca la boca del vaso contra la puerta, y pon tu oído contra el fondo del vaso. ¿Qué escuchas?

¡CONTINÚA LA DIVERSIÓN!

Con el vaso contra la puerta, pide a tus ayudantes que hablen más alto, después más bajo. ¿Puedes escucharlos en ambos casos?

EXPLICACIÓN

Todos los sonidos que escuchas, incluyendo el habla, son producidos por vibraciones. Cuando hablamos, el aire de nuestros pulmones pasa por las cuerdas vocales, haciendo que **vibren** (que se muevan de un lado a otro repetidamente). Estas vibraciones, como todas las vibraciones, viajan por el aire como ondas sonoras. Las ondas sonoras pueden viajar por cualquier materia: gases, líquidos y sólidos. En esta actividad, las ondas sonoras de las voces viajan a través del aire hasta la puerta, y luego a través de la puerta misma. Las ondas sonoras se convierten después en sonidos que puedes reconocer con los oídos.

Escuchas mejor las voces cuando pones el vaso en la puerta, ya que el vaso actúa como una cavidad para **amplificar** (hacer más fuerte) el sonido. Las ondas sonoras dentro de la cavidad del vaso golpean las paredes de éste, se reflejan, y se refuerzan mutuamente en un proceso llamado **resonancia**.

La noche del 4 de diciembre de 1777, el ejército inglés emprendió la marcha de Filadelfia para realizar un ataque sorpresa sobre el ejército Continental (el ejército de Estados Unidos que combatió a los ingleses durante la Guerra de Independencia), que acampaba a 13 kilómetros (8 millas).

Pero los insurrectos no fueron sorprendidos en absoluto. Bien atrincherados, con los cañones listos, combatieron a los ingleses hasta detener su avance. Dos días más tarde, el ejército inglés se retiró a Filadelfia.

¿Cómo se enteró el ejército Continental del ataque sorpresa? Cuatro días antes, los oficiales del alto mando inglés entraron en la propiedad de William y Lydia Darragh, y tomaron una habitación como cámara de consejo. Durante su permanencia, la señora Darragh, una espía voluntaria del ejército Continental, se enteró del ataque británico y se las ingenió para hacérselo saber a tiempo a los insurrectos. Ella no supo de los planes ingleses descifrando un código o **interceptando** (recibiendo una comunicación dirigida a alguien más) un mensaje secreto. Simplemente escuchó por el hoyo de la cerradura.

No me enchinches

Proyecto 6

Existen muchos aparatos de alta tecnología que los agentes secretos utilizan para oír las conversaciones de otros. Un micrófono oculto ("bicho", en la jerga del espía) en una habitación transmitirá las conversaciones que tienen lugar ahí a un dispositivo llamado receptor, colocado fuera de la habitación. Esta actividad te permitirá simular la fabricación de un bicho y su ocultamiento en una habitación.

5 tapas de botellas de plástico

cinco cuadrados de papel aluminio de 5 centímetros (2 pulgadas) por lado

cinco trozos de 10 centímetros (4 pulgadas) de cinta adhesiva (*masking tape*)

reloj

ayudante

P R O C E D I M I E N T O

1 Envuelve las tapas de las botellas en papel aluminio.

2 Haz un aro con cada trozo de cinta adhesiva, de tal modo que el lado con el pegamento quede para afuera. Pega un aro de cinta encima de cada tapón de botella.

3 Pide a tu ayudante que salga de la habitación durante exactamente 2 minutos. Mientras tu ayudante no está, esconde los "bichos" pegándolos en diferentes sitios de la habitación difíciles de ver.

4 Cuando regrese tu ayudante, dale 5 minutos para encontrar los bichos. Si en 5 minutos no encuentra todos los bichos, muéstrale a tu ayudante dónde están.

5 Pide a tu ayudante que oculte los bichos mientras tú estás fuera de la habitación.

¡CONTINÚA LA DIVERSIÓN!

Pide a varios ayudantes que encuentren los bichos al mismo tiempo. La persona que encuentre más bichos tiene que esconderlos la siguiente vez. Hazlo todavía más difícil usando papel de color para camuflar los bichos. Planea dónde vas a esconder los bichos y cúbrelos con papel del color del área donde quedarán.

Un bicho tiene dentro un micrófono diminuto que registra los sonidos de las personas que están hablando. El bicho también tiene un **transmisor**, un dispositivo que puede enviar mensajes de un lugar a otro, utilizando con frecuencia ondas de radio. El transmisor envía los sonidos de las voces como ondas de radio a un receptor que el espía ha instalado afuera de la habitación. El **receptor** convierte en sonidos las ondas de radio enviadas por el transmisor, de la misma manera que lo hace un radio.

Los bichos son muy pequeños, y pueden colocarse casi en cualquier sitio de una habitación. Algunos son del tamaño de las tapas de botella que usaste en esta actividad. Algunos son todavía más pequeños. Los bichos pueden, incluso, ocultarse dentro de teléfonos para grabar llamadas telefónicas.

Proyecto 7

Probando, uno, dos, tres

Supón que has estado siguiendo a un agente enemigo hasta una reunión con alguien de quien sospechas es su **contacto** (una persona a la que un espía le pasa información o de la que el espía recibe información). Se reúnen en medio de un campo con pasto. ¿Cómo puedes escuchar lo que están diciendo sin acercarte demasiado? Realiza la actividad siguiente para aprender acerca de los aparatos de alta tecnología que utilizan las agencias de inteligencia para conseguir información.

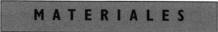

MATERIALES

cinta métrica

grabadora con micrófono

tazón grande (tan grande y redondo como sea posible)

ayudante

NOTA: Esta actividad funciona mejor en un área exterior.

1 Pide a tu ayudante que se aleje unos 7 metros y que se quede ahí de frente a ti durante todo el experimento.

2 Sostén el micrófono de la grabadora de tal modo que esté enfrente de tu ayudante.

3 Pide a tu ayudante que hable en un tono de voz normal mientras grabas lo que dice.

4 Reproduce la grabación. ¿Qué tan bien registra la voz la grabación?

5 Sostén el tazón enfrente de ti de tal modo que el interior del tazón quede de frente a tu ayudante.

6 Sostén el micrófono de tal modo que apunte al interior del tazón. El micrófono deberá estar aproximadamente en el centro del tazón, a una distancia igual del borde.

7 Pide a tu ayudante que hable de nuevo con un tono de voz normal mientras tú grabas lo que dice.

8 Reproduce la grabación. ¿Qué tan bien registró la voz la grabación en esta ocasión?

¡CONTINÚA LA DIVERSIÓN!

Repite la actividad con el tazón, sólo que esta vez sostén el micrófono alejado a distancias diferentes del tazón. ¿Hay un lugar donde la grabación sea más fácil de entender?

EXPLICACIÓN

El dispositivo para escuchar que hiciste es un **micrófono parabólico**. Un micrófono parabólico es un micrófono que está conectado a un reflector parabólico para amplificar el sonido. Un **reflector parabólico** es un dispositivo parecido a un tazón que capta los sonidos y los enfoca en un punto.

En esta actividad, cuando las ondas sonoras de la voz de tu ayudante vienen hacia ti, las ondas son paralelas entre sí y se difunden en un área grande. Las ondas sonoras llegan al reflector parabólico y rebotan en ángulos iguales a los ángulos en que llegaron. Debido a que el reflector parabólico está curvado, todas las ondas sonoras reflejadas se juntan en un punto, llamado foco. Si el micrófono se coloca en el foco, registra el sonido de todas las ondas, no sólo de unas cuantas. Al concentrarse los sonidos en un punto, se hacen mucho más fuertes.

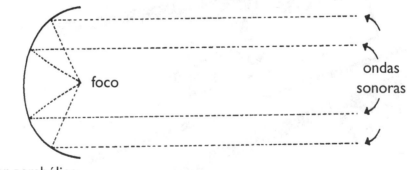

Reflector parabólico

No sólo los agentes secretos usan micrófonos parabólicos, sino también los equipos de filmación, los observadores de aves y las grabadoras de audio de eventos deportivos. Para evitar que los micrófonos se vean, los agentes secretos utilizan micrófonos parabólicos mucho más pequeños que el que construiste. En los micrófonos parabólicos de alta tecnología, el reflector no es más grande que un plato para cereal.

Proyecto

8

Alarma

Tienes planes para reunirte con otro agente secreto en un lugar de tu patio trasero, y quieres asegurarte de que sabrás si alguien intenta fisgonear. Realiza la actividad siguiente para hacer una alarma que proteja tu reunión secreta.

M A T E R I A L E S

pinzas de electricista (sólo las usará un adulto)

regla

tres trozos de 30 centímetros (12 pulgadas) de alambre aislado de cobre calibre 22

pinzas de tendedero, de resorte

pila de 6 volts

timbre o chicharra de 6 volts (se consigue en la mayoría de las ferreterías)

palillo

2 metros (6 pies) de cuerda para pescar de nailon transparente

cinta transparente

2 sillas

cinta de aislar

ayudante adulto

NOTA: Esta actividad requiere la ayuda de un adulto. Consigue el permiso de un adulto antes de usar las sillas y la cinta de aislar.

1 Pide a tu ayudante adulto que use las pinzas para quitar 1.25 centímetros (1/2 pulgada) del plástico aislante de las puntas de los tres alambres y 2.5 centímetros (1 pulgada) adicionales de una de las puntas de dos de los alambres.

2 Usando los alambres pelones, enrolla las puntas peladas más largas alrededor de las puntas de las pinzas de tendedero, de tal modo que los alambres se toquen cuando las pinzas estén cerradas.

3 Enrolla la punta libre de uno de los alambres de las pinzas de tendedero alrededor de una de las terminales de la pila. Enrolla la punta libre del otro alambre de las pinzas de tendedero alrededor de una de las terminales del timbre.

4 Enrolla una punta del tercer alambre alrededor de la otra terminal del timbre. Enrolla la otra punta alrededor de la otra terminal de la pila, teniendo cuidado de no tocar el alambre sin aislante para que no te des un toque. El timbre sonará.

5 Abre las pinzas y coloca un extremo del palillo entre las puntas de las pinzas. Con esto se mantendrán separados los alambres y el timbre dejará de sonar.

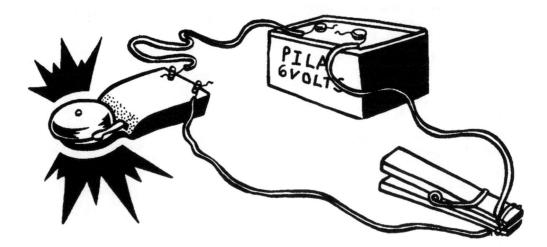

6 Ata una punta de la cuerda para pescar de nailon al otro extremo del palillo. Fija la cuerda para pescar al palillo con cinta adhesiva transparente.

7 Coloca las sillas separadas aproximadamente 1.3 metros (4 pies). Con el permiso de un adulto, usa la cinta de aislar para fijar las pinzas de tendedero a la pata de una de las sillas a unos 15 centímetros (6 pulgadas) arriba del suelo, de tal modo que las puntas de las pinzas apunten a la otra silla. Estira la cuerda para pescar, y átala a una de las patas de la otra silla a la misma altura aproximada. Ahora tu alarma está lista.

ATENCIÓN: No uses la alarma sin avisar antes a las personas, pues alguien puede tropezar y caer.

8 Pide a tu ayudante adulto que camine con cuidado entre las sillas. ¿Qué ocurre?

Cuando el palillo es jalado o retirado, tu alarma suena debido a la electricidad. La **electricidad** es una forma de energía producida por el movimiento de diminutas partículas cargadas negativamente llamadas **electrones**. Para que los electrones se muevan, se necesitan dos cosas. En primer lugar, se necesita una fuente de energía para los electrones. En el caso de tu alarma, la energía la proporciona la reacción química que ocurre en el interior de la pila. En segundo lugar, se necesita un **circuito eléctrico**, un camino circular cerrado para que los electrones viajen desde la fuente de energía y regresen a ella. Tu alarma tiene un circuito eléctrico que sale de la pila, pasa por los alambres hasta el timbre y regresa por los otros alambres hasta la otra terminal de la pila.

Sin embargo, mientras el palillo esté en medio de las puntas de las pinzas de tendedero, el circuito eléctrico estará interrumpido, pues los electrones no pueden viajar a través del palillo. Cuando la cuerda de pescar de nailon jala el palillo, los alambres se tocan, cerrando el circuito eléctrico entre la pila y el timbre. La electricidad fluye de nuevo de la pila al timbre y regresa, y tu alarma suena.

Proyecto 9

Rastreador de triciclos

Puede resultar difícil seguir a un espía que vaya en un vehículo. El tránsito, los semáforos y los peatones pueden atravesarse en el camino. ¿Qué debe hacer un agente encargado de atrapar espías? Intenta hacer el siguiente dispositivo para rastrear un triciclo.

clavo pequeño

envase de plástico de leche
  (vacío y limpio)

cinta de aislar

agua de la llave

triciclo

ayudante

NOTA: Pide permiso a tu hermano o hermana menor antes de usar el triciclo y la cinta de aislar.

1 Con el clavo, haz un agujero pequeño en el fondo del envase, cerca del borde exterior.

2 Coloca un trozo de cinta de aislar en el agujero y llena el envase con agua.

3 Coloca el envase en el apoyo para los pies del triciclo, de tal modo que el agujero quede sobre el piso y no en el apoyo para los pies.

4 Usa la cinta de aislar para fijar el envase en su sitio.

5 Pide a tu ayudante que empiece a andar en el triciclo. Justo antes de que arranque, quita la cinta del agujero.

6 Pide a tu ayudante que dé una vuelta en el triciclo en un lugar seguro. ¿Puedes seguir el recorrido que ha hecho tu ayudante?

Tu rastreador de triciclos es similar a un dispositivo que los agentes secretos han utilizado durante años. Por lo general el envase se llena de pintura u otra sustancia que pueda verse con facilidad y se coloca en el vehículo del espía. Cuando el espía conduce, el líquido deja un rastro. Este tipo de rastreo es más seguro que seguir de cerca al espía. En un seguimiento común, es posible que el espía note que lo están siguiendo y cancele la operación. Sin embargo, al seguir el rastro de pintura, un agente puede saber a dónde ha ido el espía sin el riesgo de ser visto.

Este dispositivo funciona debido al principio de que los líquidos fluyen con una rapidez constante de un agujero pequeño. Una abertura pequeña soltará una gota del líquido con una velocidad específica, y las gotas por lo general estarán a la vista una detrás de la otra. Si llegas a una bifurcación del camino, tan sólo tienes que mirar en cada uno de ellos para ver las gotas y saber por dónde se ha ido el espía.

Los nuevos aparatos de alta tecnología han reducido el uso de este tipo de rastreo de vehículos. Se instala un pequeño dispositivo electrónico en el vehículo del espía. Este dispositivo transmite una señal electrónica que es registrada por un receptor de rastreo. El receptor de rastreo puede indicar si el vehículo se mueve a la izquierda, a la derecha, de frente o si está parado. Las señales electrónicas incluso pueden ser registradas por satélites para determinar la localización exacta del vehículo.

"Ricitos de Oro llamando a Papá Oso"

Cómo hacer contacto y enviar mensajes secretos

Cuando los agentes secretos operan encubiertos, siguen necesitando comunicarse con otras personas. Los agentes secretos siempre tienen un contacto al que le pasan información y de quien reciben información. Con frecuencia, las operaciones de espionaje las coordina un **controlador**, un agente asignado para supervisar la operación.

Los espías pueden ser enviados a una misión sin conocer a su contacto. Quizá sólo conozcan a su contacto por su nombre en clave. Se emplean técnicas científicas para tener la seguridad de que un espía se reúna con el contacto correcto. El espía también debe asegurarse de que cualquier mensaje que envíe a su contacto no será interceptado por agentes enemigos. Realiza las actividades de este capítulo para aprender cómo los espías usan la ciencia para hacer contacto y enviar mensajes secretos.

Proyecto 1

Billetes rasgados

Eres un agente secreto y se supone que te reunirás con tu contacto, que es alguien a quien nunca antes has visto. ¿Cómo sabrás que la persona con la que te encuentras es la persona correcta y no un agente enemigo? Realiza la siguiente actividad para saber cómo hacen contacto los espías.

MATERIALES

tijeras

regla

pliego de cartoncillo

3 ayudantes

1 Recorta el cartoncillo en tres rectángulos de 7.5 por 15 centímetros (3 × 6 pulgadas).

2 Da una pieza de cartoncillo a cada ayudante. Pide a tus ayudantes que rompan las piezas de cartoncillo a la mitad una vez e intenten hacer idénticos los tres cortes.

3 Sal de la habitación.

4 Pide a tus ayudantes que seleccionen a una persona para que sea tu contacto. El contacto deberá colocar la mitad de su cartoncillo rasgado en el centro de la habitación y la otra mitad en su bolsillo.

5 Los otros ayudantes deberán colocar la mitad de sus cartulinas rasgadas en sus bolsillos y tirar las otras mitades.

6 Vuelve a entrar a la habitación y recoge la pieza de cartoncillo del centro de la habitación. Intenta hacer coincidir esa mitad con las de tus ayudantes. ¿Puedes encontrar la mitad que coincide y a tu contacto?

¡CONTINÚA LA DIVERSIÓN!

Repite la actividad, pero decora las piezas de cartoncillo para que parezcan billetes. ¿Se facilita con esto hacer coincidir las dos mitades de cartoncillo?

El cartoncillo está hecho de fibras de madera comprimidas. Las fibras se acomodan al azar en el cartoncillo, por lo cual pueden tener diversas longitudes. Cuando rasgas el cartoncillo, las fibras se separan. Puesto que ningún par de trozos de cartoncillo tienen fibras de la misma longitud y disposición, todos los cartoncillos se rasgan de manera diferente. Incluso si lo intentaras, no podrías hacer cortes idénticos en dos trozos de papel.

Los espías siguen utilizando este método para asegurarse de que la persona con la que se reúnen es quien se supone debe ser. Un espía rompe a la mitad un billete falso y le da la mitad a su controlador, quien después hace llegar esa mitad al contacto correcto. Posteriormente, el espía hará coincidir su mitad con la del contacto para verificar si el contacto es la persona correcta.

Proyecto

2 Contactos pasivos

No es necesario que los agentes secretos se reúnan realmente con sus contactos en persona. Existen muchas otras maneras de transferir información. Realiza la actividad siguiente para investigar una manera.

MATERIALES

lápiz

hoja de papel

lata de refresco vacía

abrelatas

ayudante

1 Con tu ayudante, escoge un lugar para el contacto. Por ejemplo, podrías elegir un árbol de tu jardín. Dile a tu contacto que verifique diariamente el lugar.

2 Al día siguiente, escribe un mensaje secreto en la hoja de papel.

3 Dobla el mensaje y métalo en la lata de refresco.

4 Coloca la lata en el lugar designado para que tu ayudante la recoja.

5 Después de que tu ayudante recoja la lata, deberá usar el abrelatas para abrir la lata y recuperar el mensaje.

¡CONTINÚA LA DIVERSIÓN!

Pide a tu ayudante que te envíe un mensaje de respuesta, usando otra lata de refresco. ¿Cuáles son los problemas con este tipo de sistema de mensajes?

EXPLICACIÓN

Este tipo de sistema para enviar mensajes se llama **contacto pasivo**. En el contacto pasivo, dos espías, o un espía y un contacto, quizá nunca se reúnan frente a frente para intercambiar información. Un espía deja información en un sitio específico para que otro espía o contacto la recoja. A esto se le llama **soltar información**. El contacto pasivo también puede usarse para indicar que está a punto de efectuarse una caída de información.

Este tipo de sistema funciona bien cuando a un espía le siguen de cerca. Al hacer contactos pasivos, el espía no revela quiénes son sus contactos a los agentes enemigos. El agente enemigo tan sólo puede ver a alguien dirigirse a un árbol para recoger una lata de refresco. El agente no sabrá quién puso la lata ahí.

Los objetos comunes, como latas de refresco, son útiles para enviar mensajes, ya que nadie los nota. Asimismo, tu contacto podría ir encubierto como recolector de basura, de tal modo que no sería raro que se le viera recogiendo objetos como latas de refresco vacías. Sin embargo, el riesgo de usar objetos comunes para enviar mensajes es que un mensaje puede permanecer en el contenedor durante días antes de que el contacto lo note o que el contenedor sea desechado antes de que el contacto llegue a él.

John Walker era un espía para la ex Unión Soviética. Durante muchos años entregó secretos robados a la Marina de Estados Unidos a agentes de la KGB (*Komitet gosudarstvennoy bezopasnosti*), la agencia de inteligencia soviética, mientras trabajaba en Maryland. Solían utilizar el contacto pasivo para indicarse mutuamente cuándo iba a realizarse una entrega de información.

Los agentes de la KGB colocaban una lata vacía de "7-Up" parada a la orilla del camino en un sitio convenido de antemano. Esto le indicaba a John Walker que su contacto de la KGB se encontraba en el área y que estaba listo para hacer el intercambio. El movimiento siguiente dependía de él.
A 8 kilómetros (5 millas), Walker ponía una lata de "7-Up" parada a la orilla del camino para señalar que estaba listo. Luego se dirigía al sitio donde debía soltar la información, donde dejaba su paquete de documentos clasificados cerca de una caseta telefónica. Al mismo tiempo que Walker depositaba su paquete, la KGB dejaba un paquete de dinero en efectivo para él en un lugar a unos cuantos kilómetros de distancia. Esta actividad continuó durante 20 años, hasta que Walker fue apresado por el FBI bajo el cargo de espionaje.

ESPÍAS EN ACCIÓN

Proyecto 3

Ligas

Necesitas pasar información secreta a un contacto. Has concertado una reunión en un café al otro lado de la ciudad. Cuando llegas, tu contacto se encuentra sentado en una mesa cerca del fondo del café. Tomas una de las mesas cercanas y esperas. De pronto una persona entra en el café. ¿Han seguido a alguno de los dos? No puedes arriesgarte a un contacto directo y no tenías planeado un contacto pasivo. ¿Qué vas a hacer? Realiza la actividad siguiente para descubrirlo.

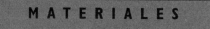

liga, de al menos 1.25 centímetros (1/2 pulgada) de ancho

libro

bolígrafo

P R O C E D I M I E N T O

1 Estira la liga tanto como sea posible, y pásala alrededor del libro.

2 Usa el bolígrafo para escribir un mensaje sobre la liga, como "Mateo es un agente doble. Cuídate".

3 Retira la liga del libro. Observa el mensaje cuando la liga está floja.

4 Envía el mensaje a tu contacto disparando la liga a una pared de la habitación. Coloca el dedo índice de una mano adentro de la liga. Usando la otra mano apunta la liga a la pared, estira la liga y suéltala.

ATENCIÓN: Nunca apuntes la liga a una persona.

Cuando estiras la liga, las moléculas que forman la liga se alargan. Las **moléculas** son partículas constituidas por dos o más **átomos** (las partículas más pequeñas de materia) enlazados. Al escribir sobre la liga estirada, pones tinta en las moléculas en su forma alargada. Cuando la liga se afloja, las moléculas vuelven a acercarse entre sí y la escritura se ve como un montón de rayas, en vez de palabras específicas. El mensaje está oculto. Después de recibir la banda elástica, tu contacto necesitará estirarla de nuevo para leer el mensaje secreto.

La liga atraviesa la habitación debido a la energía elástica. La **energía elástica** es la energía almacenada en un material cuando su forma se altera. Cuando estiras la liga con tus dedos, alteras su forma. La liga estirada contiene energía elástica almacenada. La energía nunca se agota; solamente se transforma, o cambia, de una forma a otra. Cuando sueltas la liga, la energía elástica se convierte en **energía cinética**, la energía del movimiento. La energía cinética hace que la liga atraviese volando la habitación hasta la pared próxima a tu contacto.

Secretitos

Proyecto 4

Es más sencillo ocultar mensajes si son pequeños. Realiza la actividad siguiente para ver cómo enviar un mensaje pequeño.

MATERIALES

estampilla postal

sobre

lápiz

sacapuntas

hoja de papel

NOTA: Pídele permiso a un adulto para usar la estampilla.

1 Sin humedecer con tu lengua la parte posterior de la estampilla, ponla en la esquina superior derecha del sobre.

2 Con el lápiz, delinea suavemente el contorno de la estampilla. Retira la estampilla. Deberá quedar trazado en el sobre un rectángulo pequeño, del mismo tamaño que la estampilla.

3 Afila la punta del lápiz y escribe un mensaje dentro del rectángulo, utilizando letra tan pequeña como sea posible.

4 Después de escribir el mensaje, humedece con la lengua la estampilla y pégala en el sobre de tal modo que quede dentro del rectángulo y cubra el mensaje.

5 Usa el papel para escribirte una carta a ti mismo. Puedes escribir lo que quieras.

6 Mete el papel en el sobre, ciérralo y anota tu dirección en el sobre. Pon la carta con la estampilla en el buzón del correo y espera a que te sea entregada de nuevo. Tu mensaje secreto ha sido enviado.

¡CONTINÚA LA DIVERSIÓN!

Quita la estampilla usando el procedimiento del capítulo 2, proyecto 4, "Cómo abrir cartas". ¿Puedes leer tu mensaje?

E X P L I C A C I Ó N

En esta actividad usaste escritura en miniatura para enviar un mensaje secreto. Escribiste con la letra más pequeña que te fue posible para que tu mensaje quedara bajo la estampilla postal. Los espías usaron durante años la escritura en miniatura como método para enviar mensajes secretos.

En la actualidad, en lugar de escribir a mano el mensaje, un agente secreto hace una microcopia de la información. Una **microcopia** es una copia fotográfica de material impreso o dibujos en un tamaño muy reducido. Un espía toma una fotografía de un mensaje u otra información con una cámara especial. La cámara reduce el tamaño del negativo y lo pone en una película especial llamada **microfilm**. El microfilm, o negativo en miniatura, puede colocarse abajo de una estampilla u ocultarse en algún otro lugar secreto. La microcopia permite pasar un volumen considerable de información al reducir en gran medida el tamaño de la impresión.

Quizá hayas visto la microcopia en acción en tu biblioteca. La mayoría de las bibliotecas tienen artículos de periódicos y revistas de años almacenados en algo llamado microficha. Las **microfichas** son hojas de microfilm que contienen muchas páginas de material impreso microcopiado. Un visor especial amplifica las páginas y te permite leer el material.

Durante la Guerra Civil de Estados Unidos, los agentes que trabajaban para el ejército confederado hicieron mensajes en miniatura tomando fotografías de los mensajes con lentes especiales en sus cámaras. Ocultaban los negativos miniatura dentro de botones metálicos cosidos en sus abrigos. Entonces los agentes podían pasar información valiosa en medio de las filas enemigas sin ser descubiertos. Esta técnica derivó con el tiempo en la microcopia, el método que usan hoy los espías para hacer y enviar mensajes en miniatura.

ESPÍAS EN ACCIÓN

Proyecto

5 Mensaje de limón

Los agentes enemigos no pueden leer un mensaje secreto si está invisible. Existen varias maneras sencillas de hacer mensajes invisibles. Realiza la actividad siguiente para aprender cómo hacer un mensaje invisible con jugo de limón.

MATERIALES

1/4 de taza (65 mililitros) de jugo de limón

recipiente pequeño

hisopo de algodón (*cotonete*)

hoja de papel blanco

lámpara de foco

1. Vierte el jugo de limón en el recipiente.

2. Remoja el hisopo de algodón en el jugo de limón y escribe un mensaje, como "Reunión secreta hoy a las 8:00 de la noche", en la hoja de papel.

3. Deja que el mensaje se seque. No podrás ver el mensaje después de que se haya secado.

4. Cuando el mensaje esté seco, quita la pantalla de la lámpara y enciéndela.

5. Sostén el mensaje cerca del foco. ¿Qué ocurre?

¡CONTINÚA LA DIVERSIÓN!

1. Realiza esta actividad con otros líquidos, como jugo de naranja o vinagre. ¿También funcionan?

2. Utiliza esta técnica para enviar un mensaje secreto a un amigo. Escribe el mensaje en una hoja de papel en blanco o en una parte en blanco que tenga otra escritura en ella, como una carta para tu amigo.

El jugo de limón tiene un color muy claro, y es difícil verlo después que se ha secado. Sin embargo, cuando sostienes el papel cerca del foco, el calor del foco cambia a café el jugo de limón y el mensaje oculto aparece. Los jugos de frutas, como el jugo de limón y muchos otros líquidos, como la leche y la soda, contienen átomos de carbono. En el jugo de limón, estos átomos de carbono se enlazan con otros átomos para formar moléculas que contienen dicho elemento.

Estas moléculas que contienen carbono son prácticamente incoloras cuando están disueltas en un líquido. Sin embargo, cuando estos líquidos se calientan ocurre una reacción química. Las moléculas que contienen carbono se separan y producen, entre otras sustancias, el elemento carbono. Un **elemento** es una sustancia que no es posible descomponer químicamente. El **carbono** es un elemento constituido por átomos de carbono que se encuentran en toda la materia viva. El carbono es de color negro o café, razón por la que el jugo de limón se vuelve café cuando se calienta. El carbono también aparece cuando calientas una rebanada de pan tostado, el cual se hace café oscuro o negro cuando se quema.

Proyecto

6 Principio lechoso

Lo creas o no, puedes escribir un mensaje invisible usando leche. Prueba otro método de escritura invisible.

1/4 de taza (65 mililitros) de leche entera (al 4%) homogeneizada

recipiente pequeño

hisopo de algodón (*cotonete*)

hoja de papel blanco

lápiz

lija

1 Vierte la leche en el recipiente.

2 Remoja el hisopo de algodón en la leche y escribe un mensaje, como "Mensaje recibido, reunión confirmada", en la hoja de papel.

3 Deja que el mensaje se seque completamente. Esto puede tomar hasta una hora. No intentes usar papel secante en el mensaje. No podrás ver el mensaje después de que se haya secado.

4 Cuando el mensaje esté completamente seco, sostén el grafito del lápiz sobre el área del papel donde está el mensaje. Con la lija, raspa el grafito de tal modo que el polvo negro cubra el mensaje.

5 Con tu dedo, frota con cuidado el polvo sobre el área del papel donde está el mensaje. ¿Qué ocurre?

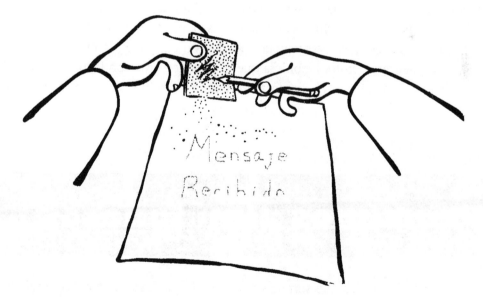

¡CONTINÚA LA DIVERSIÓN!

1. Prueba otros tipos de leche, como al 1% o 2%. ¿Funcionan tan bien como la leche entera?

2. Utiliza esta técnica para enviar un mensaje secreto a un amigo. Escribe el mensaje en una hoja de papel en blanco o en una parte en blanco que tenga otra escritura en ella, como una carta para tu amigo.

EXPLICACIÓN

La leche contiene diferentes sustancias químicas mezcladas en agua. Una de estas sustancias es la **grasa**, un nutriente de los alimentos. La leche que se utiliza en la actividad es **homogeneizada**, que significa que la grasa se ha hecho muy fina y se ha repartido por igual en toda la leche. La grasa es casi invisible cuando se seca en papel blanco.

Sin embargo, cuando raspas el grafito del lápiz, la grasa se hace visible. El **grafito** del lápiz es una forma del elemento carbono. El polvo del grafito se adhiere a la grasa de la leche seca pero no al resto del papel, lo cual permite que aparezca el mensaje oculto. Debido a que hay menos grasa en leche al 1% y 2% que en la leche entera, el experimento no funciona tan bien con esos tipos de leche.

Proyecto 7
Principios almidonosos

Hay escrituras invisibles que son más complicadas de hacer que otras. Realiza la investigación siguiente utilizando otra reacción química.

varias hojas de periódico

2 hojas de papel blanco liso

tijeras

almidón en spray

2 cucharadas (10 mililitros)
de tintura de yodo

1 taza (250 mililitros) de agua

botella para rociar vacía

PRECAUCIÓN: Procura no mancharte las manos con la tintura de yodo porque no es fácil eliminarla de la piel.

PROCEDIMIENTO

1 Cubre el área de trabajo con periódicos.

2 Usando una hoja de papel blanco, recorta letras para escribir un mensaje secreto, como "Nos vemos después de la escuela".

3 Coloca la segunda hoja de papel blanco sobre el periódico. Coloca las letras del mensaje, en el orden adecuado, sobre la segunda hoja de papel.

4 Rocía con almidón la hoja de papel y las letras.

5 Retira las letras y deja que se seque la hoja de papel. Esto tomará unos 15 minutos, según la cantidad de rocío de almidón que hayas usado. El mensaje deberá ser invisible.

6 Combina la tintura de yodo y el agua en la botella para rociar. Agita la botella para mezclar la solución.

7 Rocía el papel con la solución de agua y yodo. ¿Qué ocurre?

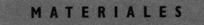

¡CONTINÚA LA DIVERSIÓN!

Haz una figura, como un cristal de nieve, colócala en el papel y rocíala con almidón como antes. Puedes usar este método para enviar tanto dibujos como mensajes escritos.

EXPLICACIÓN

El almidón está constituido por moléculas de azúcar unidas en una larga cadena. El yodo es un elemento constituido por moléculas de yodo. Cuando la solución yodatada llega a la parte del papel cubierta con almidón, ocurre una reacción química. Las moléculas de azúcar del almidón y las moléculas de yodo se combinan para formar moléculas complejas almidón-yodo que son de color morado. Ni el azúcar sola ni las moléculas de azúcar combinadas en cualquier otra forma reaccionarán con el yodo para producir este color.

La parte del papel que está abajo de las letras fue protegida del rocío de almidón, por lo que se mantiene blanca. El resto del papel, donde se roció el almidón, se vuelve de color morado claro debido a la reacción del almidón con el rocío de yodo. El mensaje será visible como letras blancas sobre un fondo morado.

Proyecto

8 Mensajes en huevos

Son muchas las maneras en que un espía puede enviar un mensaje secreto a su contacto. Incluso pueden enviarte mensajes secretos en tu refrigerio. Realiza la actividad siguiente para saber cómo hacerlo.

huevo

cacerola

agua de la llave

crayón blanco de cera

recipiente de vidrio

2 tazas (500 mililitros) de vinagre

reloj

limpiador en polvo (Ajax)

cepillo suave

ayudante adulto

PROCEDIMIENTO

NOTA: Esta actividad requiere la ayuda de un adulto.

1 Pide a tu ayudante adulto que te haga el huevo cocido, usando la cacerola y agua de la llave.

2 Deja enfriar el huevo, después usa el crayón para escribir un mensaje secreto sobre él, como "Veme a la 1:00. Importante".

3 Coloca el huevo en el recipiente y agrega suficiente vinagre para cubrir el huevo. Deberán formarse burbujitas sobre el huevo. Deja reposar el recipiente durante 2 horas.

4 Después de 2 horas, escurre el vinagre fuera del recipiente, sin sacar el huevo.

5 Agrega el resto del vinagre, asegurándote nuevamente de que cubra el huevo. Deja reposar el recipiente durante 4 horas.

6 Después de 4 horas, enjuaga el huevo en el fregadero. Mientras sostienes el huevo abajo del chorro de agua, quita la cera del huevo con cuidado usando el polvo limpiador y el cepillo suave. Tu mensaje deberá verse en letras abultadas.

El proceso con el que has experimentado se llama **grabado al aguafuerte**, pues se utiliza un ácido para hacer un dibujo o diseño sobre otro material. El vinagre es un **ácido** (sustancia agria que reacciona con una base para formar una sal y adquiere un color rojo al usar el papel tornasol). El cascarón del huevo está formado principalmente por **minerales**, sustancias no vivas que se producen de manera natural. Cuando agregas vinagre al huevo en el recipiente, ocurre una reacción química. El ácido del vinagre reacciona con un mineral llamado carbonato de calcio del cascarón, lo cual hace que el carbonato de calcio se disuelva.

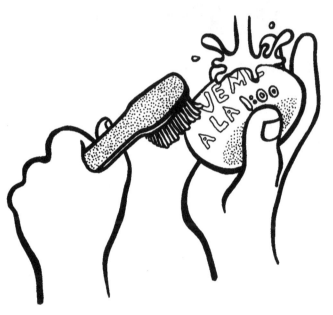

Sin embargo, en el sitio donde escribiste el mensaje, la cera protege el cascarón, impidiendo que el vinagre reaccione con el carbonato de calcio. El vinagre disuelve el resto del cascarón, y permite que el mensaje secreto resalte y sea visible cuando se quita la cera.

Pero ten cuidado con el huevo del mensaje. Un cascarón tiene apenas unos 2.5 mm (1/10 pulgada) de espesor. Cuando el vinagre disuelve la mitad de dicho espesor, el cascarón se vuelve *muy* frágil.

Escitala

Una de las herramientas más antiguas para comunicar mensajes secretos es la escitala. Realiza la actividad siguiente para hacer la tuya propia.

MATERIALES

sierra (sólo la usará un adulto)

regla

bastón o palo de escoba de madera, con diámetro de 2 a 2.5 centímetros (3/4 a 1 pulgada); el bastón puede comprarse en la mayoría de las madererías

2 tachuelas

tijeras

rollo de papel de estraza

cinta adhesiva (*masking tape*)

pluma con punta de fieltro

ayudante adulto

PROCEDIMIENTO

NOTA: Esta actividad requiere la ayuda de un adulto.

1 Pide a tu ayudante adulto que corte con la sierra dos tramos de 30 centímetros (12 pulgadas) de longitud del palo.

2 Clava una tachuela a la mitad en cada bastón, aproximadamente a 1.25 centímetros (1/2 pulgada) del extremo.

3 Dale el segundo bastón a tu ayudante.

4 Corta el papel de estraza en una tira que tenga de 0.5 a 1.25 centímetros (1/4 a 1/2 pulgada) de ancho y 60 centímetros de largo.

5 Quita la tachuela del primer bastón.

6 Clava la tachuela por uno de los extremos de la tira de papel. Vuelve a insertar la tachuela y la tira en el agujero del bastón.

7 Enrolla la tira de papel alrededor del bastón en forma espiral bien ajustada, de tal modo que el borde superior de cada vuelta apenas toque el borde inferior de la vuelta anterior. Pega el extremo de la tira de papel al bastón con la cinta.

8 Utilizando un mensaje secreto, como "Te están siguiendo", escribe una letra del mensaje en cada sección del papel a lo largo del bastón, como se muestra. Para el espacio entre palabras, deja una sección en blanco.

9 Quita la cinta del extremo de la tira de papel, desenrolla la tira y quita la tachuela. Dale la tira a tu ayudante.

10 Pide a tu ayudante que haga legible el mensaje secreto usando el segundo bastón y la tachuela, y repitiendo los pasos 6 y 7.

¡CONTINÚA LA DIVERSIÓN!

Trata de hacer legible el mensaje utilizando un bastón que sea más grueso o más delgado que el que usaste para escribirlo. ¿Qué ocurre?

El dispositivo de bastón y tachuela que tú y tu ayudante usaron es una antigua herramienta llamada **escitala**. El mensaje de la tira de papel parece un revoltijo de letras cuando tu ayudante lo recibe. Sin embargo, cuando tu ayudante clava la tira en el bastón que corresponde y la enrolla de nuevo en una espiral estirada, las letras del mensaje se alinean claramente una enseguida de la otra justo como se escribieron.

Para que la escitala funcione, el bastón de la persona que envía el mensaje y el de la persona que lo recibe deben tener la misma circunferencia. La circunferencia es la distancia recorrida por el papel cuando da una vuelta alrededor del bastón. La distancia entre las letras sobre el papel es igual a la circunferencia del bastón.

La circunferencia de cualquier círculo se encuentra con la fórmula $C = \pi d$, donde $\pi = 3.14$ y d es igual al diámetro. Si el bastón que usas tiene 1.25 centímetros (1/2 pulgada) de diámetro, entonces la circunferencia del bastón y la distancia entre las letras de tu mensaje será de 3.93 centímetros (1.57 pulgadas). Tu ayudante puede leer el mensaje con otro bastón de 1.25 centímetros (1/2 pulgada) de diámetro. Pero si tu ayudante usa un bastón de tamaño diferente para intentar leerlo, por ejemplo, un bastón de 1.88 centímetros (3/4 de pulgada) de diámetro, el resultado será diferente. Las letras estarán separadas 5.9 centímetros (2.36 pulgadas), no se alinearán y el mensaje no será legible.

Esparta era una gran ciudad militar de Grecia en el año 400 a.C. Para intercambiar información militar, los generales espartanos usaban escitalas gemelas y tiras de pergamino. Aun cuando un mensaje fuera interceptado, sólo la persona que tenía la escitala correspondiente podía volver a enrollar el pergamino y restaurar el orden original de las letras. Los generales solían usar escitalas de diámetros diferentes y un código al principio del pergamino que indicaba al lector cuál escitala debía usar.

ESPÍAS EN ACCIÓN

Páginas plantillas

Como en el caso de las escitalas, enviar mensajes con páginas plantillas sólo funciona si el escritor y el lector tienen los mismos instrumentos. Realiza la actividad siguiente para ver cómo funcionan las páginas plantillas.

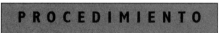

MATERIALES

tijeras

2 piezas de cartón delgado

hoja de papel de cuadrícula grande

pegamento escolar

lápiz

navaja (sólo la usará un adulto)

2 sujetapapeles (*clips*)

hoja de papel blanco

ayudante adulto

PROCEDIMIENTO

1 Con las tijeras, recorta cada pieza de cartón del mismo tamaño que la hoja de papel cuadriculado.

2 Aplica el pegamento en la parte posterior de la hoja de papel cuadriculado, y pégala en una de las piezas de cartón.

3 Delinea con trazos suaves un cuadrado grande en el papel cuadriculado que tenga 15 × 15 cuadros.

4 Marca con una "X" 25 de los cuadros dentro del área delimitada. Elige los cuadros al azar; no importa qué cuadros escojas.

5 Pide a un adulto que use la navaja para recortar con cuidado todos los cuadros marcados con una X. Ahora tienes una página plantilla.

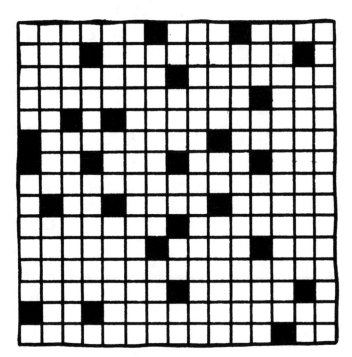

6 Coloca la página plantilla sobre la segunda pieza de cartón y manténlas unidas con un sujetapapeles.

7 Traza los bordes exteriores de los cuadros recortados en la segunda pieza de cartón. Quita el sujetapapeles y separa la plantilla y el cartón.

8 Pide al adulto que recorte los cuadros de la segunda pieza de cartón. Ahora tienes dos plantillas con cuadrados recortados idénticos. Conserva una y dale la otra a tu ayudante.

9 Coloca la hoja de papel blanco detrás de tu plantilla, y utiliza un sujetapapeles para mantenerla fija. Escribe las letras de un mensaje, como "Necesito ayuda. Veme en casa", en el papel blanco a través de los cuadros recortados de la plantilla. Escribe las letras del mismo modo en que lees: de izquierda a derecha y en renglones de arriba a abajo.

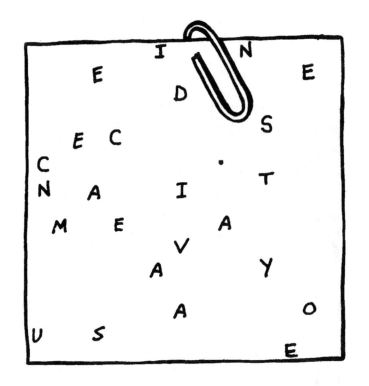

10 Quita el sujetapapeles y separa la plantilla y el papel. Escribe en el papel otras letras elegidas al azar entre las que incluiste en el mensaje. Ponlas arriba, abajo, a los lados y en medio de las letras del mensaje, de tal modo que no sea posible leerlo.

11 Pasa el papel a tu ayudante. Pide a tu ayudante que lea el mensaje poniendo la hoja del mensaje detrás de su copia de la plantilla y manteniéndolas unidas con un sujetapapeles.

EXPLICACIÓN

Los recortes en tu página plantilla determinan el orden en el que escribes las letras. Sin la plantilla correspondiente, es imposible leer el mensaje secreto. El mensaje se encuentra oculto entre las letras adicionales que agregaste a la página. Sin embargo, con la plantilla en su lugar, tu ayudante puede leer las letras que aparecen a través de los recortes de la plantilla. Únicamente la persona que tenga una página plantilla puede leer el mensaje.

Incluso las esculturas en el cuartel general de la Agencia Central de Inteligencia (CIA, por sus siglas en inglés) en McLean, Virginia, contienen mensajes secretos. En la entrada de su nuevo edificio se encuentra una escultura de cobre, diseñada por el **arquitecto** (diseñador de edificios) Jim Sanborn. La escultura se alza a más de 2 metros (6 pies) de altura y parece un rollo de pergamino. En el rollo hay letras que no parecen tener sentido. Sin embargo, a la derecha de la escultura hay una placa con letras grabadas que representan una tabla, similar a una página plantilla, que puede usarse para traducir el mensaje de dos mil palabras.

El mensaje en realidad describe el papel de la CIA en la obtención de información. Cuando la obra de arte se puso por primera vez en exhibición en noviembre de 1990, Sanborn dio al director de la CIA una copia traducida del texto, sólo en caso de que la CIA no pudiera descifrarlo (hay un dibujo de la escultura, titulada Kryptos, en la página en Internet de la CIA. Ver el capítulo 2, proyecto 2, "Intriga en Internet", para saber cómo tener acceso a este sitio.)

ESPÍAS EN ACCIÓN

5 Secretos en clave

Cómo elaborar (y descifrar) códigos

Los agentes secretos saben que una de las mejores maneras de enviar un mensaje secreto es utilizar un código. Un **código**, llamado también **escritura cifrada**, es un método para cambiar palabras y enunciados a fin de ocultar sus significados. A menudo un código es un sistema de símbolos en el que cada símbolo representa otra cosa, por lo general una letra o una palabra. Los símbolos de un código pueden ser letras, números, palabras o incluso dibujos.

Cuando cambias un mensaje a un código, lo **codificas** o lo **escribes en clave**. Cuando traduces un mensaje codificado de nuevo a su forma normal, lo **decodificas** o **descifras**. Un mensaje escrito en código o escritura cifrada se llama **criptograma**. La **criptología** es el estudio de la elaboración y desciframiento de códigos.

En este punto, no debería sorprenderte saber que la ciencia ayuda a los espías a elaborar y descifrar códigos. Realiza las actividades siguientes para aprender algunos secretos de la escritura cifrada que usan los espías.

Proyecto

1

Palabras en el camino

Existen muchas formas de usar códigos para ocultar mensajes secretos. Un mensaje secreto puede estar oculto en una letra común. Realiza la actividad siguiente para ver cómo.

MATERIALES

lápiz

hoja de papel

PROCEDIMIENTO

| Lee la carta que se presenta abajo. En ella hay un mensaje.

Nacho:

Adolfo te envía saludos. Con gusto te comento que ahora vive en el campo. Noticias de Sara. trabajó mucho para conseguir su cambio de escuela y ahora le va muy bien. Hace una eternidad que empezó mi año escolar. Matemáticas es la materia que me cuesta más trabajo. Procuro no desesperarme y le echo muchas ganas. Creo que empiezo a ver resultados y que no tendré problemas al final del año con esta materia. Desde que mi vecino Isaac me ayuda, he avanzado bastante. Hago lo posible por hacer lo mismo en las demás materias. En este semestre no llevo reprobada ninguna. Ponte en contacto con Miguel, el terror de los maestros, y de paso envíale mis saludos. El domingo voy a escribirle de todos modos, prometiéndole olvidar nuestras rencillas. El bravo amigo merece una disculpa, y el momento me parece el adecuado. Ya es todo por hoy y hasta pronto.

R.

2 Para decodificar el mensaje oculto, utiliza el lápiz y el papel para escribir la tercera letra de la primera palabra, y después la tercera letra en seguida de cada signo de puntuación.

3 Divide las letras en palabras para leer el mensaje secreto.

Con este método de escritura secreta, envía un mensaje a un amigo. Empieza escribiendo algo sencillo, como "Nos vemos después de la escuela". Prueba diferentes formas de ocultar el mensaje. Usa la primera o la segunda letra después de cada signo de puntuación, en vez de la tercera, para señalar las letras que componen tu mensaje, o utiliza la primera y la última letra de cada enunciado.

EXPLICACIÓN

Los signos de puntuación de la carta son la coma (,) y el punto (.). Si anotas la tercera letra después de cada signo de puntuación, obtendrás el mensaje "Contacto es agente doble".

El código empleado en esta actividad te dice que cada tercera letra después de un signo de puntuación es importante. La persona que reciba el mensaje debe saber el código para leer el mensaje secreto. Este tipo de escritura en código es difícil porque debes colocar palabras con letras específicas en lugares específicos en cada enunciado para deletrear tu mensaje. Puede resultar muy difícil deletrear el mensaje y conseguir al mismo tiempo que la carta suene natural.

Sin embargo, este es un código difícil de descifrar. Si la carta está bien escrita, un agente enemigo quizá no se dé cuenta de que contiene un mensaje secreto. Incluso si el agente se percata de que hay un mensaje oculto, puede resultarle imposible descubrir qué palabras constituyen el mensaje.

En el siglo XVII en Inglaterra, Oliver Cromwell, líder religioso y político, derrocó al rey inglés, Carlos I, y gobernó el país durante un breve periodo. Durante el gobierno de Cromwell, mucha gente permaneció leal al rey. Se les llamaba realistas o monárquicos y se les encarcelaba si eran atrapados. Uno de los que fueron atrapados fue sir John Trevenion.

ESPÍAS EN ACCIÓN

Como otros realistas antes que él, probablemente sir John habría sido llevado a la horca por **traición** (intento de traicionar o derrocar a un gobierno). Sin embargo, varios días antes de su ejecución recibió una carta común. En la carta había un mensaje oculto escrito con el código que acabas de investigar. El mensaje secreto decía: "Panel en el extremo oriente de las escaleras de la capilla".

Trevenion solicitó una hora en privado dentro de la capilla de la prisión. Pero en vez de pasar el tiempo orando, escapó por el panel falso de la capilla, del cual se había enterado por la carta.

Código rápido

Supón que necesitas enviar un mensaje secreto en código pero que sólo tienes unos cuantos minutos. Requieres un método rápido y sencillo. Realiza la actividad siguiente para aprender un código simple para enviar mensajes secretos.

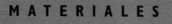

MATERIALES

lápiz

hoja de papel

1 Escribe en el papel el mensaje "REUNIÓN CANCELADA. ME ESTÁN SIGUIENDO".

2 Este mensaje en código se leería, "NOINUER ADALECNAC. EM NATSE ODNEIUGIS." ¿Puedes descubrir el código?

¡CONTINÚA LA DIVERSIÓN!

Intenta decodificar la frase "ADUYA OTISECEN". ¿Qué es diferente en este código? Escribe mensajes secretos a tus amigos usando este código y el de la actividad original.

EXPLICACIÓN

En la actividad original, el mensaje se codificó escribiendo cada palabra al revés. En la sección "¡Continúa la diversión!", el enunciado completo se escribió al revés. Este enunciado se traduce como "NECESITO AYUDA".

Estos códigos son fáciles de escribir, pero también son fáciles de descifrar. Como los enunciados codificados son ilegibles, un agente enemigo sabrá de inmediato que están codificados. Al igual que tú, un agente listo podrá descifrar el código rápidamente invirtiendo las palabras o las letras.

El artista y científico Leonardo da Vinci utilizaba una variación de este tipo de escritura en código. Escribía al revés, invirtiendo cada letra y escribiendo de derecha a izquierda en la página. Utilizó este tipo de escritura en muchos de sus manuscritos científicos para que otras personas no pudieran robar sus experimentos. Para que la escritura al revés sea legible, debe colocarse frente a un espejo. En el espejo la escritura se invierte y puede leerse. Intenta la escritura al revés y ve si puedes hacerla. Deberás poder leerla cuando la pongas enfrente de un espejo.

Código de César

Los historiadores piensan que Julio César, líder del Imperio Romano en el año 50 a.C., usaba un código secreto compuesto por dos alfabetos. Realiza la siguiente actividad para conocer uno de los códigos secretos más antiguos.

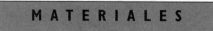

MATERIALES

2 hojas de papel cuadriculado

lápiz

1 En una de las hojas de papel, escribe el alfabeto de la *a* a la *z*, dejando dos renglones en blanco abajo de cada renglón de letras.

2 Escribe otra vez el alfabeto abajo del primer alfabeto, sólo que esta vez empieza colocando la letra *a* abajo de la letra *d* del primer alfabeto, de tal modo que el alfabeto completo se desplace tres letras a la derecha. Continúa el alfabeto de la *a* a la *z*. Cuando llegues a la letra *z* del primer alfabeto (cuando escribas la letra *w*), regrésate a la letra *a* del primer alfabeto y termina el segundo alfabeto.

3 En la segunda hoja de papel, decodifica el mensaje "¡Zrfaxam, Zbpxo. Yorqm bp rk qoxfamo!" Encuentra cada del letra del mensaje en el segundo alfabeto y reemplázala con la letra del primer alfabeto. Por ejemplo, sustituye la letra *x* con la letra *a*, la letra *y* por la letra *b* y así sucesivamente.

¡CONTINÚA LA DIVERSIÓN!

Utiliza este método para escribir mensajes secretos a tus amigos. ¿Puedes decodificar sus mensajes? Ahora mueve el segundo alfabeto más o menos letras a la derecha para cambiar el código.

EXPLICACIÓN

El mensaje de la actividad original dice, "¡Cuidado, César. Bruto es un traidor!" Julio César nunca recibió en realidad este mensaje codificado. Si lo hubiera recibido, se habría enterado de la verdad acerca de su amigo Bruto, quien más tarde se convirtió en César.

En este código, llamado **clave o código de Julio César**, se utilizan letras para representar otras letras escribiendo un alfabeto abajo de otro y desplazando el segundo alfabeto una o más letras a la derecha. Los historiadores piensan que Julio César utilizó este código simple para escribir su correspondencia. El código se llama código de Julio César, independientemente del número de letras que se desplace el alfabeto de abajo. En esta actividad, las letras del segundo alfabeto se desplazan tres letras a la derecha. Si bien este es un código sencillo de escribir, también es fácil descifrarlo, como verás en la siguiente actividad.

La mayoría de los expertos considera a Tritemio, Johannes Heidenberg, abad de Spanheim en Alemania, como el padre de la **criptografía** moderna, el arte de escribir en código o clave. En 1510, Tritemio escribió *Polygraphia*, la primera obra impresa sobre criptología.

Tritemio también creó la primera **tabla para codificar**, una tabla cuadrada en la que el alfabeto está escrito 27 veces. Cada alfabeto ocupa un renglón de la tabla y cada alfabeto sucesivo se desplaza una letra más a la izquierda. Por ejemplo, la primera letra del segundo alfabeto es *B*; la primera letra del tercer alfabeto es *C,* y así sucesivamente. Se utiliza un alfabeto distinto para codificar cada letra de un mensaje secreto. La primera letra del mensaje se codifica con el primer alfabeto, la segunda letra con el segundo alfabeto y así sucesivamente. Con este método, la palabra *secreto* se convierte en *Sfeuiyu.* Este método de escritura secreta se usó ampliamente en el siglo XIV.

ESPÍAS EN ACCIÓN

Proyecto 4

Cómo descifrar un código

Los espías suelen interceptar mensajes enviados por agentes enemigos. Un mensaje codificado no será de ayuda para el espía a menos que pueda descubrir la manera de descifrarlo. Realiza la actividad siguiente para aprender una forma de descifrar un código secreto.

MATERIALES

código de Julio César (ver el capítulo 5, proyecto 3, "Código de César")

lápiz

2 hojas de papel cuadriculado

ayudante

1. Pide a tu ayudante que escriba un mensaje sencillo, de 10 a 15 palabras, utilizando el código de Julio César, el lápiz y una de las hojas de papel. Cuando haga el código, deberá mover el segundo alfabeto a la derecha más o menos letras que las tres letras de la actividad del código de César.

2. Cuando recibas el mensaje, intenta descifrar el código. Empieza escribiendo el alfabeto en la segunda hoja de papel, dejando dos renglones en blanco abajo de cada renglón de letras.

3. Cuenta el número de veces que se utiliza cada letra en el mensaje. Encierra en un círculo la letra escrita con mayor frecuencia.

4. En tu hoja con el alfabeto, encuentra la letra que se usó más veces en el mensaje. Escribe la letra *e* abajo de esa letra.

5. Escribe el resto del alfabeto abajo del primer alfabeto.

6. Decodifica el mensaje secreto de la primera hoja de papel con tu código.

7. Si no puedes decodificar el mensaje, repite la actividad probando con la letra *a* en lugar de la *e* como la letra más utilizada. Si aún así no tienes éxito, continúa repitiendo la actividad, probando la letra *i*, después la *o, r, s* y *l*, hasta que encuentres la letra que descifre el código.

119

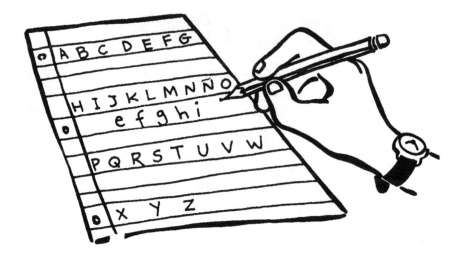

El juego del ahorcado ayuda a perfeccionar las habilidades para descifrar códigos. Para jugar, pide a tu ayudante que piense en una palabra y que después trace una serie de rayas cortas para cada letra de la palabra. Empieza el juego preguntando si determinada letra está en la palabra. Si lo está, tu ayudante deberá escribirla en la(s) raya(s) correspondiente(s). Si no está, tu ayudante traza una parte de un cuerpo que será ahorcado, empezando con la cabeza, después el cuerpo, los brazos y las piernas. Después de que hayas escogido varias letras correctas, intenta adivinar la palabra seleccionada por tu ayudante. Para el juego avanzado del ahorcado, utiliza frases en lugar de palabras.

EXPLICACIÓN

La letra más utilizada en español es la letra *e*. Después siguen las letras *a, i, o, r, s* y *l*. Otras letras usadas con frecuencia son *b, d, m* y *n*. Las letras *f, g, h, j, p, q, v* y *x*, se usan con menor frecuencia. ¿Sabes cuál es la letra que se usa con menor frecuencia? La letra *w*. ¡En un diccionario, la letra *e* se encuentra ciento noventa veces más seguido que la letra *w*!

Por lo general es más sencillo descifrar los mensajes largos que los cortos. Entre más letras o símbolos haya para analizarlos, mayores serán las oportunidades de que ciertas letras se repitan. Los agentes también pueden descifrar un código descubriendo fragmentos o pasajes al principio o al final de un mensaje que son siempre los mismos. Después que han determinado el código de esos pasajes, pueden decodificar el resto del mensaje. Por ejemplo, una carta dirigida a mí por lo general empieza con "Querido Jaime" y termina con "Cordialmente". Pero al saber el principio y el final, la persona que descifre el código puede usar esta información para descifrar el resto del código.

ESPÍAS EN ACCIÓN

En mayo de 1942, los japoneses preparaban un ataque masivo a Estados Unidos, el cual tendría lugar en el Pacífico central. La marina japonesa tenía buques de guerra, cruceros, destructores, portaaviones y submarinos que superaban con mucho a la flota de Estados Unidos.

Los estadounidenses habían descifrado el código japonés y sabían que estaba por ocurrir un ataque masivo, pero no sabían exactamente en dónde. El comunicado japonés nombraba al objetivo con las iniciales *AF*. En el Pacífico central había varios blancos que podían ser atacados, como Oahu en las islas hawaianas o las islas Midway. Nadie estaba seguro.

Para resolver el misterio, dos oficiales de inteligencia naval, el comandante Joseph Rochefort y E.T. Layton, concibieron un plan brillante. Pidieron a los estadounidenses del cuartel general Midway en Pearl Harbor que reportaran un desperfecto en la planta potabilizadora de Midway. El mensaje se envió a propósito sin codificar.

Dos días más tarde, los estadounidenses interceptaron un mensaje japonés cifrado. El mensaje reportaba que AF tenía escasez de agua potable debido a la descompostura de una planta. Los estadounidenses supieron entonces que AF era Midway. Cuando la flota japonesa se lanzó en su ataque masivo a las islas Midway, la flota estadounidense estaba preparada y esperando.

Símbolos

No todos los códigos incluyen el uso de letras para ocultar un mensaje secreto. Prueba un código sencillo en el que se utilicen símbolos en lugar de letras.

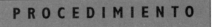

M A T E R I A L E S

lápiz   2 hojas de papel   ayudante

P R O C E D I M I E N T O

1 Escribe un mensaje sencillo para enviarlo a un ayudante, como "Nos vemos después de la escuela junto a la cafetería", en la primera hoja de papel.

2 En la segunda hoja de papel, usa el código siguiente para escribir el mensaje secreto, sustituyendo cada letra por su símbolo correspondiente. El símbolo de cada letra es la combinación de líneas, o de las líneas y el punto, que ocupa la letra.

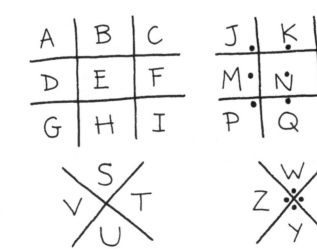

Por ejemplo, la letra *a* se escribe ⌡, la letra *b* es ⌊⌋, la letra *o* es ⊡, la letra *u* es ∧, y la letra *w* es ∨. La palabra *código* se escribiría:

⌊⊡⌐⌐⊡ .

3 Dale la segunda hoja de papel a tu ayudante. Pide a tu ayudante que utilice el código para descifrar el mensaje secreto, sustituyendo cada símbolo por su letra correspondiente.

¡CONTINÚA LA DIVERSIÓN!

Intenta inventar tu propio código con símbolos en lugar de letras. ¿Qué tan bien funciona? ¿Qué problemas ocurren cuando tu ayudante intenta decodificar tu mensaje?

EXPLICACIÓN

El código de esta actividad utiliza un sistema de símbolos para representar letras. Este tipo de código es fácil de crear, pero para descifrarlo, el lector debe conocer el código que usó el redactor. Y si el lector conoce el código pero éste es muy complicado, el lector quizás no pueda descifrarlo. En la actualidad, los agentes utilizan computadoras para crear y descifrar códigos. Debido a la avanzada tecnología, un agente por lo general usa un código una sola vez, después emplea un nuevo código para su siguiente mensaje.

La mayoría de las culturas cuentan con lenguajes escritos. La lengua española tiene un alfabeto para representar las palabras habladas. Algunas culturas utilizan alfabetos similares al alfabeto en español, mientras que otras usan símbolos que son muy diferentes. Algunas culturas tienen un símbolo diferente para cada sonido de su lengua, en tanto que otras utilizan un símbolo para cada palabra o incluso para un grupo de palabras. Los **lingüistas** son científicos que estudian las lenguas y lo que significan. Los lingüistas colaboraron con los arqueólogos para decodificar escrituras antiguas, como la escritura egipcia antigua llamada **jeroglífica**.

Con todos los códigos complicados que tuvieron el ejército, la marina y la fuerza aérea de Estados Unidos durante la Segunda Guerra Mundial, la infantería de marina utilizó un sistema simple que los japoneses no pudieron descifrar. La infantería de marina reclutó a indios navajos para operar sus radios de combate. Los navajos hablaban con otros navajos, y los japoneses no pudieron entender lo que decían. El idioma navajo resultó un código indescifrable.

Proyecto

6 Clave Morse

Existen formas de enviar mensajes codificados sin ponerlos por escrito. Realiza esta actividad para investigar un código clásico.

MATERIALES

pinzas de electricista (sólo las usará un adulto)

regla

dos trozos de 2 metros (6 pies) de alambre aislado de cobre calibre 22

un trozo de 30 centímetros (12 pulgadas) de alambre aislado de cobre calibre 22

pinzas de tendedero, de resorte

pila de 6 volts

foco de 4.5 volts con portafocos (disponible en la mayoría de las ferreterías)

desarmador

lápiz

hoja de papel

ayudante adulto

NOTA: Esta actividad requiere la ayuda de un adulto.

1   Pide a tu ayudante adulto que use las pinzas de electricista para quitar
    1.25 centímetros (1/2 pulgada) del aislante de los extremos de los tres
    alambres y 2.5 centímetros (1 pulgada) adicionales de un extremo de uno
    de los alambres largos y de un extremo del alambre corto.

2   Usando los alambres con el aislante adicional retirado, enrolla las puntas
    peladas más largas alrededor de cada punta de las pinzas de tendedero, de
    tal modo que los alambres se toquen cuando las pinzas estén cerradas.

3   Enrolla la punta libre del alambre corto de las pinzas de tendedero
    alrededor de una de las terminales de la pila. Enrolla la punta libre del
    alambre largo de las pinzas de tendedero alrededor de una de las terminales
    de tornillo del portafocos, después aprieta el tornillo con el desarmador.

4   Con el otro alambre largo cierra el circuito enrollando una punta alrededor
    de la otra terminal de la pila y la otra punta alrededor de la otra terminal de
    tornillo del portafoco. Cuando cierres las pinzas de tendedero, el foco
    deberá encenderse.

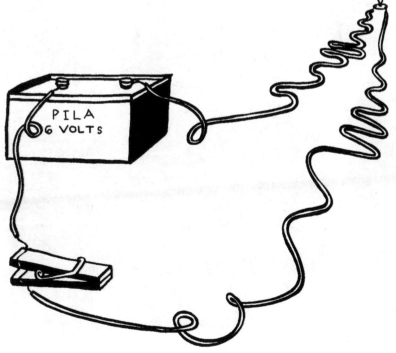

5 Coloca el foco tan retirado como lo permita el alambre. Envía destellos de luz cortos y largos a tu ayudante manteniendo cerradas las pinzas de tendedero durante 3 segundos para un destello largo y 1 segundo para uno corto.

6 Pide a tu ayudante que registre los destellos de luz anotando un punto para un destello corto y una raya para un destello largo.

¡CONTINÚA LA DIVERSIÓN!

1. El código que se muestra utiliza una serie de puntos y rayas para representar letras y números. Cada letra del alfabeto y cada número tiene su propio símbolo.

A · —	**J** · — — —	**R** · — ·	**1** · — — — —
B — · · ·	**K** — · —	**S** · · ·	**2** · · — — —
C — · — ·	**L** · — · ·	**T** —	**3** · · · — —
D — · ·	**M** — —	**U** · · —	**4** · · · · —
E ·	**N** — ·	**V** · · · —	**5** · · · · ·
F · · — ·	**Ñ** — — · — —	**W** · — —	**6** — · · · ·
G — — ·	**O** — — —	**X** — · · —	**7** — — · · ·
H · · · ·	**P** · — — ·	**Y** — · — —	**8** — — — · ·
I · ·	**Q** — — · —	**Z** — — · ·	**9** — — — — ·
			0 — — — — —

Usa este código para enviar un mensaje a tu ayudante. Para indicar el final de una letra y el principio de la siguiente, haz un destello de 5 segundos entre una letra y otra. Haz un destello de 7 segundos entre palabras. ¿Se te ocurren otras maneras de enviar el código? Prueba sustituir el foco por un timbre o una chicharra como en el capítulo 3, proyecto 8, "Alarma".

2. Con un adulto, usa una linterna de mano para enviar un mensaje afuera de tu casa en una noche oscura. Pide a tu ayudante adulto que se pare al menos a 50 metros (50 yardas) de distancia. Cubre la linterna con la mano. Retira la mano durante 1 segundo para un punto y 3 segundos para una raya. Un destello de 5 segundos marca el final de una letra; un destello de 7 segundos, el final de una palabra.

EXPLICACIÓN

El código que usaste en esta actividad se llama **clave Morse**, inventada por Samuel Morse y dada a conocer por primera vez en 1844. Morse también inventó una máquina llamada **telégrafo** para enviar mensajes en código. En esta actividad, construiste un modelo del telégrafo de Morse.

Tanto el telégrafo de Morse como el tuyo funcionan debido a la electricidad. Para que fluya la electricidad, los electrones deben viajar desde una fuente de energía (en este caso, la pila) en un circuito eléctrico. El circuito que hiciste empieza en una terminal de la pila, corre por los alambres hasta el foco, continúa por el otro alambre y termina en la otra terminal de la pila.

En tu telégrafo, el circuito sólo se cierra cuando los alambres de las pinzas de tendedero se tocan. Cuando cierras las pinzas, los alambres se tocan, cerrando el circuito entre la pila y el foco. La electricidad fluye de la pila al foco y de regreso a la pila, y el foco se enciende. Tu mensaje se ha enviado.

En el telégrafo de Morse, el operador oprime una tecla para enviar señales. Al presionar la tecla se cierra el circuito eléctrico, y eso permite que fluya la electricidad. La electricidad activa un dispositivo que emite golpes largos o cortos que se registran como puntos y rayas, o bien activa una plumilla que imprime realmente los puntos y las rayas. Los puntos y las rayas se traducen después en palabras, utilizando la clave Morse.

Glosario

ácido   Sustancia de sabor agrio que reacciona con una base para formar una sal y adquiere un color rojo al usar el papel tornasol.

agencia de inteligencia   Organización gubernamental responsable de los espías y el espionaje.

agente   Espía pagado por la agencia de inteligencia de un país sobre una base regular.

agente doble   Persona que espía para ambos bandos.

amplificado   Agrandado.

amplificar   Hacer más fuerte un sonido.

arqueólogo   Científico que aprende de las culturas del pasado estudiando sus vestigios.

arquitecto   Diseñador de construcciones.

átomo   La partícula más pequeña de materia.

"bicho"   Dispositivo miniaturizado de grabación que puede ocultarse casi en cualquier lugar y que puede transmitir conversaciones a cientos de metros de distancia.

camuflar   Disfrazar, ocultar o disimular un objeto o una persona para que no sean reconocidos con facilidad.

carbono   Elemento compuesto por átomos de carbono que se encuentra en toda la materia viva.

científico ambiental   Científico que estudia las interacciones de los seres vivos con el mundo.

científico de la conducta   Científico que estudia cómo se comportan las personas en circunstancias determinadas.

circuito eléctrico   Trayectoria circular cerrada para que los electrones viajen de la fuente de energía y regresen de nuevo.

circunferencia   La distancia alrededor de un círculo. La circunferencia de cualquier círculo se encuentra con la fórmula $C = \pi d$, donde $\pi = 3.14$ y d el diámetro.

clave Morse   Código inventado en 1844 por Samuel Morse, el cual utiliza una serie de puntos y rayas para comunicar números y letras.

clave o código de Julio César   Código que se piensa utilizó Julio César, en el cual se emplean letras para representar otras letras; se hace escribiendo un alfabeto abajo de otro y desplazando el alfabeto de abajo una o más letras a la derecha.

codificar   Convertir un mensaje en código; llamado también **escribir en clave**.

código   Método para cambiar palabras escritas a fin de ocultar su significado; se llama también **escritura cifrada o clave**.

comunicación Intercambio de información.

condensarse Cambiar de gas a líquido.

contacto Persona a la que un espía le pasa información o de quien un espía obtiene información.

contacto pasivo Intercambio de información en el que los espías no se reúnen.

controlador Agente asignado para supervisar una operación de espionaje.

"convertirse en sombra" Seguir de cerca a una persona.

criptografía El arte de escribir en código o clave.

criptograma Mensaje escrito en código o clave.

criptología El estudio de la elaboración y desciframiento de códigos.

cubierta Disfraz que usa un agente para proteger su identidad real y sus motivos.

decodificar Traducir un mensaje codificado al lenguaje común; llamado también **descifrar**.

descifrar *véase* **decodificar**.

diámetro La longitud de una línea que pasa por el centro de un círculo.

disolverse Volverse líquido.

electricidad Forma de energía producida por el movimiento de electrones.

electrón Partícula pequeña con carga negativa.

elemento Sustancia que no puede descomponerse químicamente.

encubierto Que usa una cubierta o identidad falsa.

energía cinética La energía del movimiento.

energía elástica La energía almacenada en un material cuando se modifica su forma.

enfocar El proceso de producir una imagen clara a partir de luz refractada.

enlazarse Unirse por una fuerza de atracción.

escitala Dispositivo empleado por los espartanos de la Grecia Antigua que utiliza cilindros del mismo diámetro y tiras de pergamino para enviar mensajes secretos.

escribir en clave *véase* **codificar**.

escritura cifrada o clave *véase* **código**.

espiar Observar de cerca y en secreto.

espionaje Espiar.

evaporar Cambiar de líquido a gas.

fibras Estructuras delgadas filiformes que dan rigidez a las plantas leñosas.

foco El punto donde se encuentran o concentran los rayos de luz después de pasar por una lente.

fotografía Proceso para producir imágenes de objetos sobre una superficie especial, como una película.

geografía La rama de las ciencias que estudia la superficie de la Tierra.

grabado al aguafuerte El proceso de utilizar un ácido para hacer un dibujo o diseño sobre otro material.

grafito Una de las formas del elemento carbono.

grasa Nutriente de los alimentos

hemisferio norte La mitad de la Tierra comprendida entre el ecuador y el polo norte.

hipótesis Conjetura o teoría razonada.

home page (página de entrada) La primera página de un documento en la World Wide Web; llamada también **sitio Web**.

homogeneizar Hacer muy fino y distribuir por igual.

identidad falsa *véase* **cubierta**

imagen de punto retinal Imagen cuya luz refractada se enfoca en un punto del interior del globo del ojo.

inferencia Una conclusión.

infiltrarse Entrar para fines secretos.

interceptar Recibir una comunicación dirigida a otra persona.

Internet Red interconectada (*inter*connected *net*work) que enlaza computadoras de todo el mundo a través de líneas telefónicas.

invertir Voltear de cabeza.

jeroglífico Escritura de los egipcios antiguos.

lente Pieza curva de cristal u otra sustancia transparente que refracta los rayos de luz que pasan a través de ella; también, la parte del ojo humano que enfoca la luz refractada en un punto del interior del globo del ojo.

lente cóncava Lente que está curvada como el interior de un tazón.

lente convexa Lente que está curvada como la cara exterior de una pelota.

lepidopterólogo Científico que estudia las mariposas.

leyenda Una historia que apoya la cubierta elegida por un espía.

lingüista   Científico que estudia las lenguas y lo que significan.

microcopia   Copia fotográfica de material impreso o dibujos en un tamaño muy reducido.

microficha   Hojas de microfilm que contienen renglones de páginas de material impreso que ha sido microcopiado.

microfilm   Negativo en miniatura sobre el que se fotografía material impreso o dibujos en un tamaño reducido en gran medida.

micrófono parabólico   Micrófono conectado a un reflector parabólico para amplificar el sonido.

mineral   Sustancia no viva que se presenta de manera natural.

módem   Dispositivo que convierte los mensajes y comandos de la pantalla de una computadora en datos que pueden enviarse por vía electrónica.

molécula   Partícula constituida por dos o más átomos enlazados entre sí.

navegador (*browser*)   Programa de *software* de computadora, como Netscape, Mosaic o Telnet, que se utiliza para buscar información en la World Wide Web.

operación   Misión de espionaje.

pensamiento creativo   Mostrar imaginación e inventiva en la solución de problemas.

periscopio   Artefacto que utiliza espejos para permitir que el observador vea a la vuelta de la esquina y sobre su cabeza.

prejuicio   Juicio u opinión que puede corresponder o no con los hechos.

reacción química   Cambio en la materia en el que las sustancias se descomponen para producir una o más sustancias nuevas.

receptor   Dispositivo que convierte en sonidos las ondas de radio enviadas por un transmisor.

reflector parabólico   Dispositivo con forma de tazón que recibe sonidos y los enfoca en un punto.

reflejarse   Rebotar en un espejo u otro objeto.

refractarse   Cambiar de dirección mediante el uso de una lente.

reliquias   Objetos que fueron usados por personas en el pasado.

resonancia   El proceso de reforzar y amplificar un sonido reflejando sus ondas sonoras.

rocío   Diminutas gotitas de agua que se forman cuando se enfría el vapor de agua.

rotación   Un giro.

servidor   Computadora grande que hace posible conectar computadoras domésticas con Internet.

soltar información   Contacto pasivo mediante el cual se deja información en un lugar específico para que otro agente la recoja.

soluble en agua   Que puede disolverse en agua.

tabla para codificar   Tabla cuadrada que se utiliza para codificar y decodificar mensajes secretos, en la que el alfabeto está escrito en 27 renglones, con cada alfabeto sucesivo desplazado una o más letras a la izquierda respecto del alfabeto anterior.

telégrafo   Dispositivo que envía mensajes codificados a un sitio distante a través de alambres eléctricos.

tensión superficial   La fuerza de atracción entre las partículas de agua que crea una delgada película en la superficie del agua.

topo   Espía que trabaja encubierto durante un periodo prolongado en una organización enemiga antes de empezar a reunir información secreta.

traición   Intento de traicionar o derrocar a un gobierno.

transmisor   Dispositivo que envía mensajes de un lugar a otro, utilizando con frecuencia ondas de radio.

transmitir   Enviar.

vapor de agua   La forma gaseosa del agua.

vibrar   Moverse de un lado a otro repetidamente.

vigilancia   Observación cercana de alguien o algo.

World Wide Web   Conjunto de documentos de Internet que contiene información proporcionada por agencias gubernamentales, negocios e instituciones educativas.

Índice

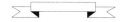